WIZARD

成長株投資の神

Momentum Masters

A Roundtable Interview
with Super Traders
by Mark Minervini

マーク・ミネルヴィニ[著]
長尾慎太郎[監修]
山口雅裕[訳]

Q&A

Pan Rolling

Momentum Masters : A Roundtable Interview with Super Traders
by Mark Minervini

Japanese translation rights arranged with Access Publishing Group, LLC through Japan UNI Agency, Inc.

監修者まえがき

本書は、マーク・ミネルヴィニをはじめとした四人のトレーダーが、成長株投資・モメンタムトレードに関するインタビューに答えた〝Momentum Masters：A Roundtable Interview with Super Traders〟の邦訳である。一般に投資家・トレーダーに対するインタビューは非構造化形式で実施される。この場合、インタビュアーの力量や話の流れで質問される項目はいくらでも変わりうるし、記事としてまとめる際にはストーリーとして成立するようにトリミングされることになる。したがって、そうした書籍は読み物としては大変面白いが、必ずしも一般投資家が知りたいことに直接答えてくれているわけではなかった。しかし本書においては、質問項目はウェブサイト「ミネルヴィニ・プライベート・アクセス（http://www.minervini.com/）」に一般投資家から寄せられた膨大な数のコメントのなかから厳選され構造化された質問で組み立てられている。さらに、同じ質問に対し経験や立場が異なる四人が座談会形式で回答することで、より客観的で少しずつ異なった角度からの意見が聞ける仕組みになっている。つまり、これは読者が知りたいことに直接応えた回答集なのである。

また、本書を特徴づけていることはもう一つあって、それはエキスパートへの成長のプロセスが示されていることである。ほとんどの相場書において、その内容は投資戦略の解説にフォーカスされている。もちろんそれはそれで大変意義のあることなのだが、それはあくまで到達すべきゴールを読者に示したにすぎない。建物の完成予想図を見せられただけで、それを一からどうやって設計・建設すべきかを理解し実践できる人はまれである。金融市場での投資においては、「どこに行けばよいのか」だけでは不十分で、「どうやったらそこに行くことができるのか」を知ることが重要である。なぜなら大多数の投資家は、流布する圧倒的な量のノイズやニセ情報に惑わされて途中で道に迷うからである。多くの良心的な相場書が発行され、比較的簡単に正しい目的地を知ることができるようになった現在にあっては、従うことができる堅実な学習過程を理解することに大きな価値がある。本書の果たす役割は大きい。

翻訳にあたっては以下の方々に心から感謝の意を表したい。翻訳者の山口雅裕氏は大変読みやすい翻訳を、そして阿部達郎氏は丁寧な編集・校正を行っていただいた。また本書が発行される機会を得たのはパンローリング社社長の後藤康徳氏のおかげである。

二〇一六年七月

長尾慎太郎

目次

本書の出版理由とその構成

トレーダーになって以来、マーク・ミネルヴィニは初心者からベテランに至るまでの多くのトレーダーから、どうすれば株式市場で成功できるかと問われ続けてきた。こうした質問を寄せる人々の多くは、彼が一九九七年にUSインベスティング・チャンピオンシップで優勝したときか、ジャック・シュワッガーのベストセラー『**マーケットの魔術師【株式編】《増補版》——米トップ株式トレーダーが語る儲ける秘訣**』（パンローリング）を読んだときに、彼について知ったのだった。

そして、二〇一三年に最初の著書『**ミネルヴィニの成長株投資法——高い先導株を買い、より高値で売り抜けろ**』（パンローリング）が出版されると、彼のトレードにおける名声は瞬く間に広まった。この著書は三〇年に及ぶ急成長株投資で得られた知恵の集大成であり、投資関連本のベストセラーになった。そして、一〇万人以上が彼のツイッターをフォローし、非常に多くのトレーダーが彼のスタイルを見習い始めた。USインベスティング・チャンピオンシップで三回の優勝経験を持つデビッド・ライアンは、「今まで読んだ成長株投資の本で、これが最も分かりやすい」と断言した。

その本は幅広い主題について深く掘り下げられていたが、トレーダーたちは飽きるどころか、もっと知りたがった。ウェブ上のミネルヴィニ・プライベート・アクセスには出版後の二年間に一〇〇〇近くもの質問が寄せられた。本で取り上げられた主題についてさらに追究する質問もあれば、新しい分野を探求しようとする質問もあった。私たちはそれでようやく気づいた。本書の読者を含めてミネルヴィニの著書を読んだ人の多くは、彼らの質問に導かれて、私たちが貴重な宝探しをしてくれることを望んでいるのだ、と。彼らは苦労して手にしたトレードの経験を基に、現実に直面した困難や知識不足について、信じがたいほど幅広くかつ詳細に伝えてくれていた。

思いがけなく手にしたこれらの読者の贈り物にどう応えるべきか、私たちは自問した。私はミネルヴィニに、これらの質問の多くに答える本を書いたらどうかと提案した。すると、彼は「もっと良い考えがある。私の知る最高の株式トレーダーの何人かに、これらの質問に私と一緒に答えるように頼んではどうだろうか」と言ったのだ。彼はアメリカで大成功した三人の株式トレーダーかつ友人のデビッド・ライアン、ダン・ザンガー、マーク・リッチー二世に連絡を取ってくれた。彼らが喜んで参加すると言ってくれたので、この企画が進められた。

本書の編集方針は独特である。私たちはオフィスに届いた質問から、最も適切な一三〇の質問を選び出し、それらを関連項目ごとに分類した。ここで強調しておきたいのだが、これらの質問は株式市場で本当にトレードを行っている人々が現実に直面した問題について尋ねてきたものだ。トレーダーが知りたいだろうと、私たちが勝手に想像して作った質問は一つもない。

また、本書の形式も、大部分のトレーダーのインタビュー集とは根本的に異なる。一人のマーケットの達人とのインタビューごとに章立てをするのではなく、それぞれの質問に四人が座談会方式で答えて、読者が比較や対比をしやすいようにしたのだ。

本書を読み進める前に、注意をしておきたい。

まず、マーケット関連本の多くは、優れた本も含めて、面白おかしい経験談や文学的な盛り上げや気晴らしになる話題で、内容に「スパイスを効かせる」か明るくしようとするが、本書にはそうしたものは一切出てこない。本書の内容はすべて、トレードに関する質疑応答だけである。

第二に、質疑応答を読みながら、四人の達人に共通する特徴だけでなく、違いにも注目してほしい。前に述べたように、わざわざ座談会形式にしたのは、お互いの答えを比較しやすくするためだ。四〇年のトレード経験を持つベテランのデビッド・ライアンと、三〇年以上のトレード経験を持つマーク・ミネルヴィニは、急成長する中小型株を好む。一方、二五年間トレードを行ってきたダン・ザンガーは大型株を好み、超大型の銘柄でさえ好んでトレードする。四人のなかで最年少のマーク・リッチー二世は、マーク・ミネルヴィニが毎年主催するマスター・トレーダー・プログラムの二〇一〇年の第一回ワークショップにおけるトリプル・ディジット・チャレンジで優勝した。そこでは学んだことを生かして、自分の取引口座で一〇〇%のリターンをだれが一番に達成するかが競われた。リッチー二世はそれを六カ月以内に成し遂げた。その後の五年間に彼が一貫して優れたパフォーマンスを達成するのを、ミネルヴィニはよく見ていた。「リッチーはモメンタム投資の達人の卵であり、この本に入れるべきだ」と、彼は私に話した。

株式トレーダーとして成功するためには、何を買うべきか、いつ買うべきか、そしていつ売るべきかを学ぶ必要がある。もっと重要なことだが、自分のトレードスタイルを自分の心理や強みに合わせることと、弱点を補う方法を学ぶ必要がある。各質問に対する答えを比較対照して、四人のトレーダーが共通して実践している基本や、核となる原理がないか、しっかりと見てほしい。それらの微妙な違いこそが、大成功したモメンタム投資の達人たちの類似点なのだ。四人の達人たちの多様な洞察力や判断力やトレード経験を通じて、読者は自分が最も関心を持っている分野について、ほかでは得られないことを学ぶだろう。ということで、おびただしい知識がこれから提供される。しっかり読んで、小さなリスクで大きなリターンが得られるようになることを祈っている。

ボブ・ワイスマン（編集者）

質問に答えるトレーダーたちの紹介

マーク・ミネルヴィニ

ミネルヴィニはベストセラーになった、**『ミネルヴィニの成長株投資法――高い先導株を買い、より高値で売り抜けろ』**（パンローリング）の著者である。彼はほんの数千ドルを元手にトレードを始めて、取引口座の資金を数百万ドルにした。五年連続で二二〇％の年平均リターンを達成し、四半期ごとの損益をマイナスにしたのは一回だけだった。そして、三万六〇〇〇％という信じがたいほどの総リターンをたたき出した。これを分かりやすく表現すれば、取引口座に一〇万ドルがあったとすると、五年で三〇〇〇万ドル以上にまで増やしたということだ。

彼は自分のＳＥＰＡトレード法がどれだけ通用するかを試すために、一九九七年に二五万ドルの自己資金でＵＳインベスティング・チャンピオンシップに出場した。極めて高レバレッジの先物やオプションを使うトレーダーも多いなかで、彼は現物株の買いだけで、実際に資金を運用する競技で一五五％の年間リターンを達成した。それは二位のマネーマネジャーの二倍近い成績だった。

彼はジャック・シュワッガーの**『マーケットの魔術師【株式編】《増補版》――米トップ株**

式トレーダーが語る儲ける秘訣』（パンローリング）で取り上げられている。シュワッガーは彼について次のように書いている。「ミネルヴィニのパフォーマンスは驚異的というほかない。ほとんどのトレーダーやマネーマネジャーはミネルヴィニの最悪の年――リターンが一二八％の年――が最高の年であっても、大喜びするだろう」

現在、彼はミネルヴィニ・プライベート・アクセスというサービスを通してSEPAトレード法をトレーダーたちに教えている。そこで会員はストリーミング形式でリアルタイムに、ミネルヴィニに協力してもらいながらトレードを体験できる。また、マスター・トレーダー・プログラムというワークショップをライブで行い、週末の二日間に彼のシステムについて教えている。彼については、http://www.minervini.com/ でさらに詳しい情報が得られる。

デビッド・ライアン

ライアンは伝説的なウィリアム・オニールの弟子で、オニール社の元マネーマネジャーである。一九八二年に大学を卒業すると、オニール社に就職して四年以内に最年少の副社長に任命された。そして、オニールを直接、補佐して、顧客である機関投資家向けの資金管理と銘柄選択の責任者になった。

彼は一九八五年から一九八七年に、三年連続でUSインベスティング・チャンピオンシップで優勝した。一九八五年には一六一％、一九八六年にもほぼ同じ一六〇％のリターンを達成した。彼は一九八七年にも大会に出場して、再び一〇〇％以上のリターンを出して、三年続けて勝った。三年間の総リターンは一三七九％だった。

彼は投資信託の運用を五年、自分自身のヘッジファンドであるラスティック・パートナーズでの運用を一五年間行い、いずれも好業績を上げた。彼は今でも、自分の取引口座で活発にトレードを行っている。彼はジャック・シュワッガーの**『マーケットの魔術師――米トップトレーダーが語る成功の秘訣』**（パンローリング）で取り上げられている。シュワッガーは彼について次のように書いている。「私がインタビューをするほとんどのトレーダーはトレードが大好きだが、ライアンほど途方もない熱意を持っている人はいない。彼はチャートがありさえすれば、玄関横の小部屋で働くことになっても、おそらく満足するだろう」

ダン・ザンガー

ザンガーは株式サイト、http://chartpattern.com/ のチーフテクニカルアナリストであり、ザンガーリポートというニュースレターの著者である。彼は一九九〇年代後半のわずか一八カ月で、一万七七五ドルを一八〇〇万ドルまで増やしたことが納税申告書で確認されている。そのリターンは一六万四〇〇〇％にも達する。

元プール建設業者であるザンガーがトレードの業績を初めて世界的に知られたのは、二〇〇〇年一二月のフォーチュン誌の「私の持ち株は一万％の上昇！」という記事で紹介されたときだった。二五年間、時間があればいつでもチャートを研究してきた。やがて、チャートパターンを使って、あらゆる市況に対応する強力なトレードシステムを開発した。

彼はトレーダー・マンスリー・マガジンのトレーダー・オブ・ザ・イヤーのトップ一〇〇人に二年連続で選ばれている。多くのラジオ番組やテレビ番組に出演しているだけでなく、バロンズ、フォーブズ、フォーチュン、アクティブ・トレーダー、トレーダー・マンスリー、トレーダーズ・ワールドなどの特集記事で取り上げられた。彼はテクニカル・アナリシス・オブ・ストックス・アンド・コモディティーズ誌とSFO誌によく寄稿している。フォーチュン誌の記事では、コックピットでトレードをするかのような彼のスタイルを、「シンセサイザーで囲まれたロックキーボード奏者」と称された。

マーク・リッチー二世

リッチー二世は、『ゴッド・イン・ザ・ピッツ（God in the Pits）』、『マイ・トレーディング・バイブル（My Trading Bible）』の著者で、『マーケットの魔術師』にも取り上げられた有名なマーク・リッチーの息子である。投資界では比較的に若手のほうだが、スターぞろいの本書の顔ぶれに加わった有力なトレーダーだ。彼は六カ月以内に一〇〇%のリターンを達成して、マーク・ミネルヴィニの二〇一〇年度トリプル・ディジット・チャレンジで優勝した。そのとき以来、彼の口座の評価額は五四〇%増えていて、二〇一四年だけでも一一〇%増えている。二〇一〇年以降の総リターンは一〇〇〇%を超えている。

リッチー二世はRTM2を利用して、友人と家族の資金も含めて自己資金を管理している。彼はイリノイ州立大学で哲学の学士号を取得していて、現在は妻と五人の子供たちとシカゴ郊外に住んでいる。

第1章　はじめに

質問1の1　みなさんは長い間トレードをされてきました。現在も、トレーダーとして働き始めたころと同じ手法や同じチャートパターンに頼ってトレードをしていますか？　それとも、時代の変化に応じてトレードスタイルも変化してきましたか？

ミネルヴィニ　私は少し手を加えて、新しいテクニックも少し取り入れましたが、九五％は変わってません。そこが需給関係の素晴らしいところで、時代が変わっても通用するのです。以前よりも増えたのは、押しのセットアップでのトレードだけですね。それも、押し目買いの新しいテクニックを考案して、前よりもうまくなったからというだけです。トレード手法は三〇年以上、大きく変わっていません。

ライアン　ええ、私は今でもトレードを始めたころと同じチャートパターンを使って、株を買っています。トレードスタイルにわずかな変化を加えたところも二〜三あります。今でも上にブレイクしたときに買いますが、強い銘柄では押し目買いもします。仕事を始めたころは、上へのブレイクで買うだけでした。近ごろは、多くの株がブレイクしたあとに押して、また上げ始めますから。

ザンガー　今日のマーケットで見られるチャートパターンは、一〇〇年前にも同じくはっきりと表れていました。今後、何十年たっても同じだと思います。ですから、私は今でも二〇年前と同じようにトレードをしていますし、二〇年後も同じやり方でトレードをしていると言って差し支えありません。私は相場が壊れるか、大きく下げる前に手仕舞うのが、五年前よりもずっと上手になっています。

リッチー二世　まあ、私はほかの出席者のように何十年もトレードに携わっていないので、昔と大きく変わったかどうかという話はできません。それでも、私はチャートと同じくらい熱心に自分のトレードも見続けているので、自分のトレードの傾向は分かります。そこではっきり言えるのは、一定期間内にテクニカル面から見て異なる特徴がしばしば現れるということです。例えば、最近は五二週高値か上場来高値を上にブレイクしたときに買うのは非常に難しくなっていますが、それが非常に簡単にできる時期もあります。これは、現在が全般的な相場サイクルのどの位置なのかと、あるタイプのブレイクがどれほど明白か、それとも失敗しやすいかに関係しているのは間違いありません。

質問1の2　毎日、決まってすることについてはどうでしょうか？　時代とともに変化か進化しましたか？

ミネルヴィニ　トレードのテクニックと同様に、私の日課もあまり変わってません。やるべきことはほとんど、前日の夜に済ませているので、市場が開いたときには、どの銘柄がどの価格水準のときに興味を引くか、事前に分かっています。私は東部標準時で午前八時半に取引用モニターの前に座ります。最初に、持ち株に影響を及ぼす可能性がある決算発表やニュースを見ます。また、取引開始前の先物を見て、どのように寄り付きそうか考えます。それから、持ち株をすべて見直して損切りの逆指値を置き直し、アラートを設定します。私は買いたい銘柄の目標とする買値近くと、持ち株の損切り水準に音声アラームを設定します。

やることはすべて、考え抜いています。思いがけないことに出合いたくないので、できるかぎり事前に準備をして、不意をつかれないように心がけます。これらの準備は感情に影響されるのを避けるために、取引時間外に行います。実際にトレードをしているときには感情に支配されることもあるので、事前に準備をしておくほど、相場が逆行したときに行動しやすくなるからです。トレードを始めたころと唯一異なるのはですね、読者は想像できないかもしれませんが、コンピューターを持ってなかった三〇年前には方眼紙にチャートを手書きしていたということです。

ライアン　私はいつも、寄り付きの一時間前に起きます。西海岸に住んでいるので、それよりも早く起きるのは難しいのです。私は見通しを立てて、本当に重要なことに集中し続けられるように、聖書を読んで過ごします。それから、市場全般と特定の銘柄に関するニュースに目を通します。前日の大引け後には監視リストを準備し、アラートを設定しています。通常は、取引開始後の最初の四五分間はあまり動かないようにしています。ダマシや前夜のニュースに反応した動きが多いからです。

ザンガー　私の日課は二五年前と同じです。まず、テレビを消音にしてＣＮＢＣで取引時間前のティッカーを見て、そこに流れる銘柄の感触をつかみます。それから株価先物を確認したあと、コーヒーを入れて、モニターの電源を入れます。そして、一五年前にプログラムを書いたＩＱＸＰ・ドット・コム（http://iqxp.com/）のサウンズ・オブ・ザ・マーケットを立ち上げて、どの銘柄の買い気配値や売り気配値で音が鳴るかを文字どおり聞いています。

私は寄り付き直後に相場がどう動くかを見ておきたいのです。出来高を伴わずにギャップアップしているか。その場合には、すぐに下げやすいです。それとも、比較的薄商いでギャップダウンしているのか。その場合には持ち株を買い増す機会になります。また、出来高を伴ってギャップアップかギャップダウンをすれば、さらにその方向に動く可能性が高いです。

リッチー二世　私の日課は基本的に二つに分かれます。①寄り付き前と大引け後のそれぞれ約二時間にやること、②取引時間中にやること――です。寄り付き前と大引け後の日課は、試合前に試合のビデオを見ることに似ています。私がフットボールをしていたとき、コーチの一人からいつも言われていたことがあります。「状況をつかんで、自分がやるべきことを頭に入れておき、試合がスローに見えるようにするんだ。そうすれば、動きを追いかけるんじゃなくて、動きが起きているところにいられる」。それが寄り付き前と大引け後に、毎日決まってやることです。

私は市場が開く前に、何をいくらで買うか分かっていますから、不意をつかれることはありません。その場では、何も考えずに動くだけです。朝はまず、すべての建玉を確認します。それから、市場の全般的な動きと債券先物を確認します。また、監視リストを見直して、動きそうだと思う銘柄があれば、アラートを設定します。そのリストから、実際に買う可能性がある銘柄を判断して、買う株数を正確に計算しておきます。

取引時間中は監視リストの銘柄すべてに加えて、Ｓ＆Ｐ五〇〇と債券先物の動きを見ています。動きが鈍く、買えそうな銘柄があまりない日は、ほかの銘柄のチャートを見るか、マーケットで興味を引くことについて調査をすることもよくあります。私はいつでも、マーケットから学び続けています。

大引け後には、二〇〇〜五〇〇銘柄のチャートを調べて、一連の監視リストを作ります。それから、それらの監視リストを見直して、使えるアイデアを選びます。また、その日にしたトレードがあればすべて、戦略別に記録します。

質問1の3　HFT（高頻度取引）についてはどう思いますか？

ミネルヴィニ　これが許されているのは不合理ですし、もっと真剣に対応すべきだと思います。アメリカの株式市場は公明正大で平等に競争できる場であるべきです。HFTは間違った方向に進んでいます。これはフロントランニングの抜け穴になっています。

ライアン　まったく気に入りませんね。マークが言ったとおりで、60ミニッツの番組でも説明されていましたけど、これはフロントランニングで、それは違法です。それに、ノイズやダマシも多く生じやすいのです。私は市場の秩序を保つために、直近値よりも上値でしか空売りできないアップティックルールや、スペシャリストを証券取引所が復活させたほうがよいと思います。もっとも、どんなにノイズがあっても、増益が発表されるか増益予想が出れば、株価は上げるものですが。

ザンガー　二〇〇一年からＨＦＴが見られるようになってから、日中の値動きが荒くなってきました。これは振るい落としを狙って設計されていると思います。呼び値が八分の一ドル単位から一セント単位に変わってから、スプレッドがとても狭くなったので、ＨＦＴが強引に動けるようになりました。これらの高頻度のアルゴリズムは急速に進化している人工知能と組み合わされます。人工知能は時がたつほど、洗練されて賢くなっていくばかりです。ですから、私たちのような生身のトレーダーはそれを受け入れて適応するしかありません。

例えば、三分足か五分足のような短期のチャートを使って、日中に下げているときに買うことが考えられます。あるいは、しっかりしたベースから上にブレイクしたときに買って、それらの上昇している銘柄を二～三カ月持っておけば、ＨＦＴの泥沼をすべて避けることができます。そうできれば、ＨＦＴがあってもたいていは関係なくなります。

最後に、ボラティリティ（価格変動率）と値動きの荒さについて言えば、ＨＦＴだけを非難することはできません。オンラインでの株取引が始まって、何万人もの個人トレーダーたちが頻繁に売買するようになって、市場は活発になり敏感に動くようになりました。また、一九九七年一〇月からｅミニ先物取引が始まったことも忘れてはいけません。私の考えでは、相場に激しい動きが始まったのはこれが一因だと思います。この新しいｅミニ取引によって、Ｓ＆Ｐ五〇〇の先物を試そうというトレーダーがたくさん出てきました。オンライン取引で簡単にトレードができるようになって、ボラティリティが高まる方向に根本的変化が起きたことは明らかです。

リッチー二世　これに関しては、言いたいことがたくさんあります。まず、ＨＦＴはこれまできちんと定義されたことがないので、定義されるべきです。そうでないと、確かな知識に基づいた理解や議論ができません。そして、ＨＦＴに反対している人たちの多くは、何に反対しているのかについて、十分役に立つ定義をしていません。

例えば、ある最大級の証券取引所の社長はテレビ討論で、自分の会社では相場データを投資家に直接、提供して注文を成立させていると言っていました。実際にはそうしていないのに、です。その取引所の社員たちはあとで事態を収拾するために釈明をしていました。ですが、社長はウソをついたか、自社で取引がどう処理されているかを知らなかったのかのどちらかです。それなのに、メディアも規制当局も何の追跡調査もしないで彼を見逃したんです……。何もなしです。

そうは言っても、ＨＦＴの世界では、違法ではないにしろ、極めて非倫理的な行為がなされていると思います。また、これまでにかなりの証拠も出ています。例えば、昔の取引所のフロアやピットでは、係員やランナーに渡された注文内容をのぞき見して、彼らよりも早くピットに行き、その銘柄の指値を上下に動かしてサヤを抜こうとすれば、フロアから追い出されるか罰金を科されるか、もっと重い処分を下されたでしょう。

同様に、大量の売り気配値か大量の買い気配値で処理を滞らせて、取引に圧力をかけようとしていたときに、だれかが「売った」と叫んでも、注文を取り消すことはできませんでした。「売った」と叫ばれているときに、振り向いて「あっ、買いは一〇〇〇株から一〇株に変えた」と言うことはできなかったのです。しかし、両方のケースとも、現在の証券取引所や先物取引所の多くではまさにこれと同じことが行われています。マーケットは価格を公平で秩序ある形で示す仕組みであるべきです。これらの会社が行っているトレードの多くは、マーケットの存在意義そのものを揺るがすものです。

質問1の4　トレードを始めたきっかけは何ですか。何に魅力を感じたのですか？　また、長年にわたってトレードを続けるためのモチベーションは何でしたか？

ミネルヴィニ　私がそもそもトレードに興味を持つようになったのは、子供のころに家が貧しかったので豊かになりたかったからです。マーケットは分け隔てなく富を得る可能性が最も高いところだと思っていました。自分とマーケットだけとの勝負で、うまくやれたらお金持ちになれるのです。もっとも、トレードを始めてからは、お金よりも挑戦することのほうが面白くなりました。お金は得点を記録する方法にすぎなくなりました。私はお金持ちになっていなくても、おそらく今でもトレードを続けていたでしょう。私は単純にトレード術が大好きなんです。今までいくら稼いだかや、今後いくら稼げそうかとは関係なく、自分がトレードをやめている姿は想像できないですね。

最近では、私の手法を他人に教えて、彼らの成功話を聞くのが本当にうれしいですね。そういう話を聞くと、自分の持っている知識を与え続けようという気持ちになります。面白いことに、二六年ほど前に私はデビッド・ライアンのセミナーを聞きに行ったのですが、彼はこの本で今、私と一緒にいますし、セミナーでも共同で指導をしています。マーク・リッチー二世は二〇一〇年に私のワークショップに参加しましたが、今では若い成功したトレーダーとして自分の洞察を伝えているのです。

ライアン 父は私の大学進学に備えて、私が小学校に入ったときに株を買い始めたんです。夕食時に、父はいろいろな会社の株を買った理由を説明していました。私が初めて株を買ったのは一三歳のときで、ビット・オー・ハニーやチャンキー・キャンディーバーを作っていたワード・フーズというお菓子メーカーの株でした。そこから、どうして私が買った株は下げたのに、ほかの株は上げたのかということに強い興味を抱くようになりました。急成長株になる二～三銘柄を何千もの銘柄から見つけるのは、私にとって宝探しのようなものでした。

ザンガー　私の母は一九七〇年代の中ごろに、KWHYテレビのチャンネル22で放送されていた経済番組をUHFで見ていました。その番組はアメリカのテレビで初めてティッカーを画面に流したんです。母は一日中、テレビの前に座って、ロサンゼルス・タイムズを読み、経済ニュースを聞くのがお気に入りでした。私は学校から帰って来て、ティッカーを見て、株や商品についてテクニカル分析をしている人の話を聞いていました。何を話しているのかは、ほとんど分かりませんでしたが。それでも、画面の下を流れるティッカーに心を奪われました。

ある日思いがけなく、ひとつのシンボルばかりが流れ始めました。それは一ドルで動いていて、それを買うべきだと思いました。私はビバリーヒルズのケネディ・カボット証券まで走っていき、一〇〇〇ドルで証券口座を開設して、この安い銘柄を一〇〇〇株買いました。三～四週間後には、それは三ドル五〇セントになっていました。私はそこで売って、それ以来ずっと株に夢中です。

リッチー二世　私はいわばトレード一族の出身です。父と数人のおじは全員、シカゴで成功したフロアトレーダーでした。だから、そういう血を受け継いでいるとも言えます。でも、私はフロアでトレードをしたことは一度もありませんし、子供のころはトレードにそれほど興味がありませんでした。私が興味を持ち始めたときには、家族のほとんどは引退していたか、ほかの事業に乗り出していたからです。

大学卒業後の夏に、かつて父の下でトレーダーをしていた人のところで働きました。注文を出したりチャートを見たりするだけでしたが、とても楽しかったです。二年後に、彼は一緒に仕事をしないかと言ってきました。将来、大きなプロップショップ（自己資金のみを運用する投資会社）にするか、ヘッジファンドを始めたいということで、彼のアシスタントのような仕事でした。そこにいた間、私は彼の指示によるトレードと自分のためのトレードをしていました。この間に、相場が動く要因や良いトレーダーになる方法について、好奇心をとても刺激されました。

私は自分のトレードの可能性やパフォーマンスに関して、「やりきった」とはまだ思っていないので、絶えず向上したいという願望がモチベーションになっています。

質問1の5　すぐに成功しましたか、それとも厳しい時期を経験しましたか？　一貫して利益を出せるようになるまでに、どれくらいかかりましたか？

ミネルヴィニ　最初はあらゆる失敗をしました。大事な教訓をほとんど試行錯誤で身に付けるまでに、しばらく時間がかかりました。六年くらいはひどい成績でした。「自尊心なんてくそくらえだ。目標はお金を儲けることであって、自分が正しいかどうかなんて重要じゃない」と思えたときに、ようやく一貫して利益を出せるようになりました。うぬぼれを捨てて自分の間違いを認め、損切りをして利益を守ろうと決めたら、一貫して非常に良い成績を得られるようになったのです。

ライアン　大学を出て本格的にトレードを始めると、私は取引口座の資金を二倍にしましたが、その後にその資金をすべて失い、さらにいくらか損を出しました。それで、私は自分が犯したあらゆる間違いを研究し、規律をしっかり守るようになって、以前よりもずっと上手になりました。その時期を乗り越えるまでに、二年以上かかりました。ほかのことでも同じですが、うまくなるまでには時間がかかるし、コツをつかむまでに多くの間違いを重ねるものです。マーケットで成功するには適切な手法や適切な資金管理、間違いを受け入れるだけの謙虚さ、それに規律を厳しく守り続けるところから始まるのです。

ザンガー　最終的に株に本気で取り組もうと思ったのは一九九一年で、そのときに一〇万ドルを都合しました。屋根に巨大な衛星アンテナを取り付けて、リアルタイムの株価情報をＢＭＩから、チャート情報をライブワイヤーから得ました。この二つの会社とも、今では当時の形では残っていません。湾岸戦争が始まったばかりで、相場は急騰しました。私はその一〇万ドルをすぐに四四万ドルに増やして、夢にも思わないほどの富が手に入りそうだと考えました。それから、相場の調整を初めて経験して、四四万ドルは瞬く間に二二万ドルになりました。

私はその二二万ドルを四四万ドルに戻そうとして、その後の六年を費やしましたが、買ったどの銘柄も暴落して、いつの間にか、無一文になりました。実は、一九九七年一〇月の暴落でブローカーに二二五ドルの借金を作るまでになったのです。

相場につぎ込める現金がまったくなくなったので、資金を工面して再出発するために、車を売るしかなくなりました。私は車を一万一〇〇〇ドルで売って、証券口座にそのお金を預けました。二二五ドルの借金を返すと、トレード資金は一万七七五ドルになりました。そのことにもとても腹が立って、やつらには二度とお金を渡さないと誓いました。私は自分の思い込みでトレードが妨げられるようなことは二度としない、と誓いました。「たとえ一日でも持ち株の動きが非常に怪しくなったら、手仕舞おう」と自分に言い聞かせました。私はどんな銘柄であっても、二度とむやみに信じないと決意しました。また、日中に読む記事は何であれ、そのトレードで勝っている側が私を誤った方向に導こうとしているのだと分かりました。

次に体験したのはインターネットバブルの到来で、それからは一度も過去を振り返っていません。しかし、その当時に損を出し続けたために、状況を変えられたということは認めざるを得ません。そのことで、私は考え方やトレード法を根本から見直したのですから。私はどんな株であれ、その歴史やうわさ、報道をけっして信じないようになりました。私が知るべきことはすべて、その銘柄の値動きと出来高に基づいています。ほかのことは単なるノイズにすぎません。

リッチー二世　もちろん、私はすぐには成功しませんでした。私は成功する、と無邪気に思っていましたし、良いアイデアも持っていました。でも、成功するためにはそのアイデアも自分も改善する必要があるとすぐに分かりました。一年目にはトレードをやめようかと思うことが再三ありました。なかったと言えばウソになります。また、はっきり言って、私はどんな意味でもトレーダーとして成功したとは思っていませんし、本書で取り上げられる価値があるとさえ思っていません。そうは言っても、一年目でも損益はトントンで踏みとどまり、以降は毎年、リスク調整済みの数字で前年よりも良い成績を上げています。二〇一四年は総リターンでもリスクリターン比率でも、一番良かったです。私は自分が何をしているのか分かっていないところから、リスクをかなり深く理解できるところまで成長して、それに応じてリターンと収入が伸びてきました。

質問1の6　大口投資家は一般投資家よりもエッジ（優位性）があると思いますか？　相場は不当に操作されているという意見に、どう答えますか？

ミネルヴィニ　相場は不当に操作されてはいません！　実際、小口の一般投資家は主に流動性とスピードの点で、大手の投資信託やヘッジファンドのマネジャーよりもはるかに有利です。両者を、豪華客船を操縦している大手機関投資家と高速ボートを操縦している小口トレーダーと考えてみましょう。だれがだれの裏をかけると思いますか。

私の経験では、相場が不当に操作されているという人はマーケットに勝った経験がないから、打ち負かせないと思っているのです。でも、不当に操作されてはいません！　株式市場ではお金を儲けることも言い訳をすることもできますが、両方はできません。だから、言い訳はやめて、お金を儲け出すべきです。本当に儲けたければ、マーケットに打ち勝つことができるという事実を受け入れる必要があります。ですが、まずはマーケットを打ち負かせるというだけでなく、自分も大儲けできるということを受け入れる必要があります。

ライアン　世界最大の金融市場を不当に操作するにはお金がかかりすぎます。それは運用成績が思わしくないことの言い訳で、勝つのをあきらめたという合図です。大口投資家は大量の良い情報を利用できるという点では有利です。彼らは情報料に大金を払っています。でも、彼らははるかに大きな資金を投資する必要があるので、動き回るのは難しいのです。一般投資家が見抜く力を鍛えて、機関投資家の買いを見つけられるようになれば、素早く動いて、彼らの先回りをすることができるでしょう。

ザンガー　「規模」は諸刃の剣です。小口投資家は仕掛けも手仕舞いも、大口投資家よりもずっと簡単にできます。しかし、大手はメディアのあらゆる力を思いのままに利用して、小口投資家をいつも振るい落としています。宣伝やウソは大口投資家のお気に入りのツールです。小口投資家はわらにもすがろうとして、あまりにも高値で買ったり、含み損が出た銘柄を塩漬けにしたり、下げている銘柄をナンピン買いしたり、うわさで急騰した銘柄を高値で買ったりします。こうした動きはすべて、大口投資家に勧められ、巧みに操られているのです。

リッチー二世　まず、「不当に操作されている」という言葉は非常にあやふやでまぎらわしい流行語になっていると言いたいです。私が経験したことや見たこと、調べたことを総合すると、大口投資家も含めてほぼすべてのトレーダーが今の構造やマーケットメイクの状況に対して不利な立場にあると言えます。

それでも、マーケットメーカーは相場を最終的な方向に動かしはしません。彼らは短期の値動きや個々の執行を乱すことはあっても、相場が動き出したときにその動きを実際に推し進めるのは、大手のファンドや機関投資家なのです。大口投資家はしばしば、何日あるいは何週間にもわたって買い続けたり売り続けたりしなければなりません。一般のトレーダーはポジションを素早く取ったり手仕舞ったりできるので、大口のトレーダーよりもかなり有利です。だから、彼らは市況が変わったときに、とても素早く方向を変えることができます。私にとって、それは相当なエッジです。

質問1の7　昼間に普通に働いている人が日足だけを使って、株で利益を上げられると思いますか？

ミネルヴィニ　思いますが、自分のトレードを追ったり注文したりするのは難しくなるので、損切りの逆指値を置く必要があるかもしれません。幸いにも、今日の取引ツールはとても高性能で、多くの選択肢が用意されています。

ライアン　できると思います。コンピューターの前に一日中座って値動きを見ているのは面白そうに思うかもしれません。しかし、それはパフォーマンスに害をもたらす可能性もあると分かっています。私が最も利益を得たのは、中長期で保有していたときです。私にとっては、大局に焦点を合わせて、日中の値動きに惑わされないほうが良い結果を生みます。一〇分足のチャートの値動きを見ると、とても恐ろしくなることがあります。でも、一歩引いて日足や週足で見ると、それは取るに足りない動きです。私は短期のチャートを見たせいで、良いポジションから振るい落とされた経験が数知れずあります。私にとっては、大きな利益は長期的な値動きから得られるのです。

ザンガー　今日では、常勤の仕事をしながら株取引をうまくやるためのツールがたくさんあります。スマートフォンのおかげで、私たちはまったく新たな水準に移りました。もちろん、リアルタイムですべての値動きを見ながら売買できないときには、自分のトレードスタイルに合う銘柄を慎重に選ぶ必要があります。しかし、私はプール建設業をしていたころ、トラックのハンドルを片手で握りながら、もう一方の手にはクオートレックを持っていました。これは株価やニュースをリアルタイムで流す無線装置の初期のもので、一九八三年ごろに新発売されたものです。何が何でもトレードをするというそのときの決意がなければ、今日の私はなかったでしょう。

リッチー二世　成功が長期的に見て、リスク調整済みリターンで市場に打ち勝つという意味なら、私は非常に疑わしいと思います。自分のポートフォリオ用に良い銘柄を二つか三つ選んで、長期的に見て利益が上がるという意味であれば、おそらく個人トレーダーでも可能だと思います。それでも、それができる人は限られているでしょう。

質問１の８　日中にコンピューターを見ていられないときは、どういう方法で仕掛けや手仕舞

いを行いますか?

ミネルヴィニ　損切りの逆指値注文を置いておくこともできますし、ブラケット注文（利益確定と損切りの逆指値を同時に置く注文）も使えます。今日の取引ツールには、以前よりも簡単にトレードできるアルゴリズムがたくさんあるのです。

ライアン　損切りの逆指値ですね。私は前日の夜に、買いでも売りでも損切りの逆指値を置いておきます。そうしておけば、相場が混乱しても困りませんし、感情に左右されない良い判断ができるかもしれません。

ザンガー　スマートフォンと、何社かの証券ブローカーが提供している優れた株価表示ソフトがあれば十分です。出来高と株価がすぐに表示されますし、必要であればチャートを表示することもできます。

リッチー二世　そうですね、取引画面の前にいないときには、私はほとんどの場合、長期的なトレードをせざるを得ないでしょうね。それでも、大幅下落から守るために、何らかの損切りの逆指値を置いておくでしょう。

質問1の9　信用取引かオプションを使って、トレードにレバレッジをかけることはありますか？

ミネルヴィニ　今はもうしていません。トレードを始めたころは信用取引を行っていました。最初のころはオプション取引をしていましたが、トレーダーに不利なことが多すぎると思います。

ライアン　私はオプションはめったに使いません。時間価値の減少が気に入らないのです。株価が横ばいを続けると、時間価値が減少して、オプションは満期日に無価値になることもあります。私はあらゆる種類の証券に手を出すのではなく、ひとつのことに集中したいのです。トレード対象の銘柄が何度も荒い値動きをすることなく、きれいな上昇トレンドを形成しているときだけ信用取引をします。そのときでも、私の保有銘柄がすべて順調にいっているときに限ります。

ザンガー　私はときどき信用取引をします。また、年に一度くらいはコールオプションを試す価値がある銘柄を見つけます。しかし、どちらの場合でも銘柄と時期を適切に選ばないといけません。そうでないと、非常に痛い目に遭う可能性があります。いつも人々に話していることは、私が本当に株で利益を出し始めたのは、オプションをトレードする、というより、もてあそぶのをやめてからです。初心者はオプションが大好きです。だから、初心者から抜け出せないのです。

リッチー二世　私はリスクをとれる限度いっぱいまで投資をして含み益が出たあと、引き続きうまくいっているときにしか信用取引をしません。限度いっぱいまで投資していて、非常にうまくいっていれば、その含み益で買い増したいと思います。そのときに信用取引をします。そのときは、含み益が出ているポジションでやるときと同じように、そのポートフォリオで買い増す株数を段階的に減らすピラミッディングの手法を使います。私がオプション取引をするのは、原資産よりもリスク・リワード比率が良いと判断した状況に限ります。また、通常は流動性がとても高い銘柄か、非常に素早い値動きをとらえられそうだと思われる状況で行います。

質問1の10　非常に高水準のトレードをするためには生まれつきの才能が必要でしょうか、それとも、そういうスキルは学べるものでしょうか？　典型的な学習曲線では、その水準に達するのにどれくらいの時間がかかるでしょうか？

ミネルヴィニ　トレードはスポーツとまったく変わりないと思います。筋力や機敏さなどが遺伝的に並外れている人々はいます。でも、それだけで良い結果が得られるわけではありません。天才なのに大成しない人や、生まれつき優秀なアスリートなのに行き詰まる人もいます。一方、私のように不利な状況から出発して、桁違いの成功を収める人もいます。

学習曲線については、昔よりも良いことがあります。インターネットやソーシャルメディアが発達したおかげで、以前は手に入らなかった大量の情報に接することができるようになりました。くだらない情報の山から有用な情報をうまく選び出せさえすれば、正しいトレード法を学ぶのに必要な時間を短縮するのに役立つ、真に貴重な人々に接することができます。

誤解しないでほしいのですが、実際の経験に勝るものはありません。でも、それは人に無理強いはできませんし、経験から学ぶのには時間がかかります。一般的に言えば、トレードにどれくらい注意を払い時間を注いでいるかによりますが、学習には少なくとも二～三年から五年ぐらいはかかるでしょう。

ライアン　高水準のトレードには、いくつか間違わずにすべきことがありますが、それにはある種の性格が必要です。とても規律正しく、集中力があり、謙虚でありながらも、リスクをとれるようになる必要があるのです。これらの特徴のどれかひとつが欠けていても、かなりのリターンを上げることは可能ですが、一貫して三けたのリターンを得ることはおそらく難しいでしょう。

必要なスキルのほとんどは学べますが、リスクをとる勇気がなければ、株価が買うべき水準をブレイクしたときに実際に買うのは難しいです。あるいは、プライドが高いために、正しいのは自分で相場のほうが間違っていると思うようであれば、途方もない損失を被りかねません。私は学習に約二年かかりましたが、悪い習慣を正す必要がある人はもっと時間がかかることもあります。通常は多くの間違いをして、そこから学ぶしかありません。それができて初めて、適切に行動できるようになるのです。

ザンガー　ある種の能力は生まれつき持っている必要がありますが、残りは学んで身に付けるものです。私は過去一八年の間に、二〇人以上の友人や知人がトレードをするのを見てきました。そのなかの一人だけは私がチャートから読み取っていることを自然に把握していた様子で、本能的に素早くポイントを理解できていました。残念ながら彼女は若くて、大学に行くべきだと思っていました。そのため、トレードのスキルを身に付ける資金も時間もありませんでした。いつかトレードを再開するかもしれないし、そうしてほしいと思っています。彼女はかなり楽にチャートを読めましたから。

学習曲線について言えば、トレードにどれくらいの時間を割いているかによります。毎日、リアルタイムで相場を見ているのか、それとも一日に二～三回ちらっと見ているだけなのかで変わります。数字で表せと言われたら、並外れたトレーダーの領域に達するまでに、フルタイムで少なくとも五年トレードを行い、相場サイクルを最低でも完全に一回は経験する必要があるでしょう。

リッチー二世　人の見方によって、おそらく私はこの質問に答える最適の人物か最悪の人物かの両極端に分かれるでしょうね。とは言え、実は私は先天的か後天的かという議論では、どちらも必要という立場です。どんな試みでも生まれつきの才能があるということは重要ですが、必ず必要というわけではないと思います。才能の不足はその人の意欲や規律や動機づけによって、ある程度は乗り越えられるものです。正直に言って、私は自分が平均よりも優れているとも知的だとも思っていませんが、記憶力と規律を守る能力には恵まれています。

私は平均的な人でも、学習によってまずまずの水準に達することはできると思います。しかし、だれでも高い水準のトレードができるようになると言えば、誤解を招きかねません。学習に必要な時間に関しては、私はトニー・ロビンスに従います。彼が言うには、「大部分の人は二年でできることを過大評価して、一〇年でできることを過小評価する」のです。二年から一〇年の間に、人は成功に必要なスキルを学ぶか、やめるかするものです。

質問１の11　少額の資金から株取引を始めても、お金持ちになれる可能性はありますか？

ミネルヴィニ　もちろんです！　今でもその機会はたくさんありますし、将来にはもっと多くの機会があるでしょう。手数料は安くなったし、利用できる情報に対して公平にアクセスできる方向に進んでいます。株式トレーダーにとって、素晴らしい時代です。

ライアン　間違いないですね。数年で利益が複利で増える力は非常に大きい。でも、一年では無理です。カギは自分の資産価値に焦点を合わせるのではなく、自分の手法を適切に実行できるかどうかです。懸命に努力して自分の失敗から学び、規律を守っていれば、利益はおのずと付いてきます。

ザンガー　それは可能だと思うだけでなく、新たにトレードを始める人はみんな、大金ではなく少額の資金から始めることを勧めます。要するに、セットアップをタイミング良く見いだせる才能を磨くことができて、ルールを守る芯の強さがあれば、少額の資金で始めるかどうかは関係ありません。特に毎晩と毎週末に下準備をする人であれば、彼らにはほとんどのトレーダーが持たない本物のエッジがあります。これが本当でなければ、私はこの場にいないでしょう。

リッチー二世　これは「お金持ち」で何を意味するかによりけりです。私は自分自身をお金持ちだとは思いません。でも、私は比較的少額の口座から始めて、それをかなりの額にまで増やして、良い暮らしができるようになりました。また、リスク調整済み利益で見ても、大きな利益が得られました。そういう意味では、私はとてもお金持ちです。でも、私はまだ長期的な目標には達していません。株式市場で資産を大きく増やせる機会があると思っていなければ、私はトレードをしていないでしょう。ですから、それはもちろん可能です。

第2章　銘柄選択

質問2の1　大きく上昇する可能性があるモメンタム銘柄を見つける最も良い方法は何ですか？

ミネルヴィニ　私はＲＳ（レラティブ・プライス・ストレングス、株価の相対的な強さ）の値が高い銘柄で、アルファ（市場平均に対する超過収益）が大きく、リスクを示す標準偏差が低いという条件を満たしていることを事前に確かめてから買います。ＲＳについて読んだ最初の本は、ロバート・レヴィが書いた『ザ・レラティブ・ストレングス・コンセプト（The Relative Strength Concept）』でした。今ではＲＳの値が高い銘柄をスクリーニングできるツールがたくさん使えます。無料のツールも有料のサービスもあります。

ライアン　私は株価が上げているというだけで株を買うことはないので、その質問を成長株を見つける方法に変えて答えましょう。成長株候補は値動きが良くて、空前の上昇をする銘柄に特有の収益力がないといけません。私が情報源として最もよく利用するのはインベスター・ビジネス・デイリーによって提供されているマーケットスミス（http://marketsmith.investors.com/）です。これらは最も良い成長株を見つけることを目指しています。どちらでも、最高の銘柄を絞り込むための多くのスクリーニング条件や銘柄リストを用意しています。

ザンガー　私にとって何よりも大切なのは値動きです。上昇率の大きな銘柄を見せてくれたら、そのなかで私が保有したいのはどの銘柄かを教えることができます。もちろん、こっそりです。そして、実際に買うかどうか検討をする前に、特定のセットアップが整っているかどうかを調べます。大きく上昇していて、適切なセットアップが整っている銘柄を買うまでに二～三カ月待たないといけないこともあります。忘れないでもらいたいのですが、こうしたモメンタム銘柄は気まぐれで、間違った時期に買うとすぐに下げることもあります。

何度も目にする過ちは、トレード初心者がその日にすでに一〇ドル上げている銘柄を買うことです。彼らは感情に負けるので、飛びつき買いをしたいという衝動を抑えられないのです。彼らはその銘柄が数日のうちに絶対に急騰すると信じ切っているのです。相場の急反落に二～三回見舞われると、そういうトレーダーは消え去ります。そして、自分の感情を抑えられなかった責任を取るべきときに、相場の容赦ない変動を非難するようになるのです。

リッチー二世　私の考えでは、最も良い状況は最も恐ろしそうに見えることが多いです。つまり、すでに急上昇していて、割高に見えるという意味です。こうした状況を見つける一つの方法はRSで、この値が高いほど良いのです。

質問2の2　トレードする銘柄の出来高について、最低ラインは設定していますか？

ミネルヴィニ　設定していますが、私の場合はかなり低いですね。私は一日当たりの出来高が一〇万～三〇万株しかない銘柄でもよくトレードをしますし、五万株くらいの銘柄でもトレードをすることがあります。薄商いの銘柄を恐れるべきではなく、それらを受け入れたほうがいいのです。最大の利益をもたらす銘柄のなかには、以前に一度も耳にしたことがない小さな会社もあります。ただし、慎重になり、安全に手仕舞えるポジションサイズでトレードをする必要があります。

特にその銘柄が急上昇する可能性があるのなら、ポジションをまったく取らないよりも、少しでも取るほうがいい。ただし、一日の出来高が五万株しかない銘柄であれば、それに合わせてポジションサイズを通常よりも小さくしなければなりません。それでも、流動性は高いが値動きが乏しい銘柄で大きなポジションを取るよりも、小型株で小さなポジションを取るほうがよいのです。私は利益のほとんどを比較的小型の銘柄から得てきたのです。

ライアン　通常は一日当たり、少なくとも一〇万株の出来高がないと、トレードはしません。

ザンガー　私は一日当たり最低でも二〇〇万株以上の銘柄に限るように心がけています。格下げか市場全般の急落のせいで、下にブレイクしたときに、一〇万株以上を売るのは非常に難しい。一日の出来高が二〇〇万～四〇〇万株で上げている銘柄でも、出来高が極端に細るか、流動性が「枯渇」することもあるからです。

悪いニュースが流れるか格下げが発表された直後にだれもその銘柄を買いたがらないために、自分が売れば株価が下げるので、自分が自分の最悪の敵になることほど悲惨なことはありません。手仕舞いのために一〇〇〇株売るたびに、〇・五〇～一ドルずつ下げていくこともあります。

二〇〇七年の九月中旬にバイドゥ（ＢＩＤＵ）の株価が上にブレイクしたときに、私はそれを買ったのですが、たったの三週間で二一二ドルから三六〇ドル以上まで上げました。当時、私は六万株以上を保有していました。そして、株価が三六〇ドル辺りを動いていたときに、ある格付け会社がこの株を格下げすると、寄り付き直後から急落し始めました。私は格下げの影響で一〇ドルほど下げると見ていましたが、すぐにそれを超えて、買いが入らないまま一七ドル下げたのです。「これはまずい」と私は思って、素早く手仕舞い始めました。私が売り切ってしまうまでに、株価はさらに五ドル下げました。結局、終値では六〇ドルの下げでした！私は六〇ドルも下げるずっと前に手仕舞えて、言い表せないほどほっとしました。

ところで、忘れないでほしいのは、この株の出来高が急落の前日に二〇〇万～三〇〇〇万株あったのに、私はひどい目に遭ったという点です。大幅安を経験したことは何度もありますが、ここで言いたいのは、素早く手仕舞う必要がある場合に備えて、ポジションサイズはその銘柄の一日の平均出来高に見合う額に調整しておくべきだということです。

リッチー二世　私は一日の平均出来高が少なくとも二万五〇〇〇株はないと、その銘柄は通常トレードしません。

質問2の3　いわゆる「ダークプール（機関投資家を相手に証券会社内で約定させる取引所外取引）」によって、出来高の分析法は変わりましたか？

ミネルヴィニ　それはないですね。日中の出来高には少しゆがみが生じて、推測に影響することもあるでしょうが、大引けの数字には全出来高が含まれます。そして、私にとって最も関心があるのはその数字ですから。

ライアン　私にとって、出来高は株の活力源です。出来高はその銘柄の基本的な需給関係を示します。急成長株は必ず、出来高の大幅な増加によって上昇します。ウィリアム・オニールがいつも言っていたように、大商いは「同じ通りに住んでいるスージーおばさんが買ったのではなく、その銘柄を上げる力を持つ投資信託やヘッジファンドか大口のマネーマネジャーが買った」せいなのです。ダークプールがあっても、急成長株の出来高の特徴は今でも変わりありません。ですから、出来高の分析法を学ばないと、テクニカル分析の重要な部分を逃します。

ザンガー　出来高はモメンタム投資になくてはならないもので、値動きを見るのに欠かせません。ダークプールの出来高は大引けの数字には含まれるので、たとえ遅れても、合計の数字は今でも分かります。個人的には、ダークプールも導入から時間がたったので、あまり影響は感じません。

リッチー二世　私は大口投資家による買い集めが行われていると思われる銘柄を探したいので、大きく上げる日に出来高が急増して、下げる日には出来高が減っているところをよく探します。そのため、私にとって出来高は状況を分析するうえで、重要な役割を果たしています。ダークプールは私の分析にとって重要な要素ではありません。私は出来高の動きの全般的な傾向を探そうとしているからです。また、中小型株を見ることが多いので、ダークプールで大量に取引されることはそれほどないからです。

質問2の4　底値買いをすることはありますか？

ミネルヴィニ　下げているときに底値を拾おうとするかという意味なら、答えはノーです！ですが、通常の押しのあとに上げている銘柄は買います。ただし、ピボットポイント（横ばい圏で値幅が最も狭い領域）をブレイクして上げていて、その銘柄が強い上昇トレンドにあるときに限ります。私は落ちてくるナイフをつかもうとはけっしてしません。私の経験では、それは損失を招くだけですから。

ライアン　新安値で買うかという意味なら、私はけっして買いません。

ザンガー　ボロ株を二～三銘柄買うことはたまにありますが、まれにです。私は過去二〇年間に保有していて極めて大きな上昇をした銘柄で、利益の九五％を稼いだのですが、それらはどれも非常にしっかりしたベースから上げて新高値を付けたものでした。

リッチー二世　モメンタム投資としてはけっしてしません。いわゆる底値拾いの観点から、先物でスキャルピングをすることはときどきあります。ただし、取る値幅を限定します。また、タイムストップ（指定した期限までに条件を満たさなければ手仕舞う注文）を置きます。

質問2の5　トレード対象の株価の最低価格についてはどうでしょうか？　低位株は買いますか？　買うのであれば、もっと高い銘柄とは扱い方を変えますか？

ミネルヴィニ　ほとんどの人は、早く仕掛けて大きな利益を上げるには、低位株に投資する必要があると思っています。彼らは、三〇ドルの銘柄が六〇ドルに上げるよりも、一ドルの銘柄が二ドルに上げるほうが簡単だと考えますが、それは間違いです！　一ドルの銘柄はゼロになる可能性のほうが高いのです。歴史的に見ると、最大級の上昇をした銘柄は平均して、一株三〇ドルよりも高いところから大きく上げ始めています。

投資家が犯すもうひとつの過ちは、保有株数を増やしたほうがいいと考えることです。そのせいで彼らは低位株を買うのです。考え方が正反対なのです！　私は保有株数をできるだけ少なくしたい。株数が多いほど、流動性の問題が生じるからです。私は低位株よりも値嵩株――二〇～三〇ドル以上の銘柄――のほうを好んでいます。ほとんどの場合、一二ドルが下限です。私のトレードの八〇％は二〇～三〇ドル以上の株です。そういう銘柄のほうが機関投資家を引きつけるので、下げても買いが入りやすいのです。

二〇〇八年の相場は下げがきつくて、安い銘柄だらけになりました。その相場で底を打ったあとは、通常よりも安い銘柄をトレードしました。しかし、低位株をポートフォリオに入れることはめったにありません。それらを入れるときには、可能なかぎり最もリスクが低い買い場で仕掛けようと心がけます。低位株は値嵩株よりもボラティリティ（価格変動率）が大きい傾向があるからです。

ライアン　私は一五ドル以下の銘柄はめったに買いません。優良企業の株価はたいてい高いものです。ただし、低位株を買ったときには、ポートフォリオのほかの銘柄と同じように扱います。株価の低い銘柄だからといって、何か自分のやり方を変えるべきではありません。

ザンガー　安い銘柄のほとんどは、安いだけの理由があります。それらには私が求める特徴の多くが欠けているのです。また、一〇〇ドルの銘柄が底堅いと思われたベースを上にブレイクしたあと下げても、三％くらいの下げで損切りできますが、一〇ドルの銘柄は一ドル下げても一〇％の損失になります。値嵩株は流動性が非常に高い傾向にあり、ほんの数週間で三〇～五〇ドルもの上昇をすることがあります。

私は一株七〇ドル以下の銘柄にはめったに手を出しませんが、少し前に二ドルの銘柄を買ったことがあります。二〇一三年一一月に、イデラ・ファーマシューティカルズ（ＩＤＲＡ）

図2.1　イデラ・ファーマシューティカルズ（2013～2014年）

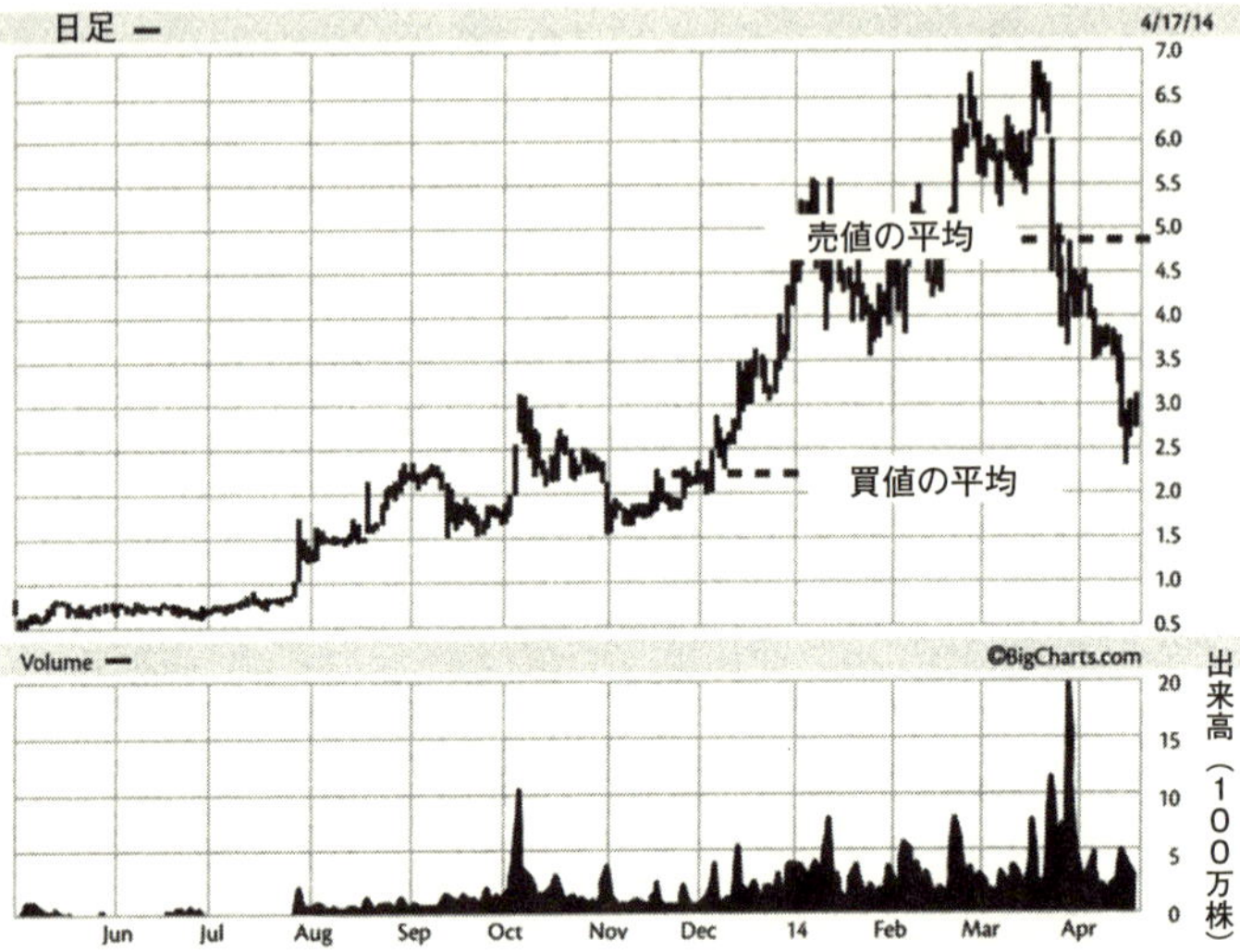

という小さな会社の株を買ったのです。二・二〇ドルくらいで四五万株以上買うと、二カ月で六・六〇ドルまで上げたあと、上げ止まりました（図2.1を参照）。上げ止まると、私は手仕舞い始めて、売り終えたときには一二〇％ぐらいの純利益が得られました。

覚えているかぎりでは、おそらくインターネットバブル以降に七〇ドル以下の株を買って成功したのは、それだけですね。当時は四〇～六〇ドルの銘柄も普通に買っていましたが、多くは七〇ドルよりもずっと高い銘柄で、三〇〇ドルの銘柄まで買いました。

リッチー二世　モメンタムトレーダーである私としては、流動性が高く、ＲＳが上位二～三％までの低位株しか買いません。また、それらの銘柄はボラティリティが高い傾向にあるので、通常よりもポジションを減らします。

質問2の6　いわゆるボトムアップ手法で個々の銘柄を探しますか、それともまず先導していると思われる業種を見つけたあと、その業種で個別銘柄を探しますか？

ミネルヴィニ　三〇年ほど前にトレードを始めたときはトップダウンの手法で投資をしていました。市場全般から始めて、次に最も良い業種を見て、最後にその業種のなかの銘柄を見るのです。そこで分かったのは、強気相場のときに何らかの業種が人気になったときには、最も良い銘柄はすでに急騰しているということでした。私は大幅上昇する本当の先導株をいつもとらえ損なっていたのです。

それで、それまでの手順をひっくり返すと、パフォーマンスが劇的に良くなりました。そのほうがうまくいく理由は、先導株は定義上、先導するからです。先導株のなかには、下落相場でもそれほど調整しない銘柄もあります。一九九〇年の医療セクターでそういうことが起きました。アムジェン（ＡＭＧＮ）や、当時は無名の小企業だったＵＳサージカルのような銘柄は、かなり厳しい下落相場の時期でも、その銘柄自体の五〇日移動平均線を割ることはほとんどなかったのです。そして、強気相場になると極めて大きな上昇をしました。

ライアン　通常はボトムアップの手法を使いますが、ある業種が動き始めていると分かったときには、その業種内で最も良い銘柄を探します。週末にスクリーニングをするときは通常、最も強い業種順に並べます。保有銘柄で最も上昇するものは、全業種のなかで上位二五％に入っています。

ザンガー　絶対に後者です。私はまず動きが強い業種を探します。そして、一つの業種に絞り込んだあと、その業種内で先導株を絞り込みます。通常はそうしますが、保有した銘柄には先導業種に属さないものも数多くありました。実際、どの業種に分類すべきかよく分からない銘柄で、非常に大きく上昇したものもありました。

リッチー二世　私は最初に個別株を探します。気に入った銘柄は何でもリストに加えていきます。すると、テーマ全般のなかで何が強いのかや、どの業種が人気化して、どの業種の人気が落ちているかが分かることがよくあります。

質問2の7　先導する業種はどうやって見つけるのですか？

ミネルヴィニ　私はパフォーマンスが最も良い銘柄を見つけることで、最も良い業種が分かると思っています。業種は個別銘柄から成り立っているので、私は個々の銘柄に焦点を合わせます。魅力を感じる銘柄が一業種に二～三社しかないときもあれば、多くあるときもあります。例えば、半導体業界には多くの企業があります。カギはその業種を先導している銘柄をできるだけ早く見つけることです。そのためには、相場が全般に弱くその業種でさえ弱い時期に、強い銘柄を見極める目が必要です。例えば、ナスダックの価格がその二〇〇日と五〇日移動平均線を割っているときに、株価がその銘柄自体の二〇〇日と五〇日の移動平均線よりも上にあるものを探すと報われるかもしれません。相場が上げ始めると、それらの銘柄が次の先導株になる可能性があります。

ライアン　私は一週間に何百銘柄も見て、先導株を探します。通常、一つの銘柄が良い動きをすると、同じ業種で動く銘柄が出てきます。また、どの業種が先導しているかをインベスターズ・ビジネス・デイリーとマーケットスミスでも探します。私の知るかぎり、彼らのツールでは私がオニール社で働いていたときに業種のランキングを作るために開発した重み付けをまだ利用しています。

ザンガー　私はＡＩＱトレーディング・システムズのチャートプログラムを使っています。そして、以前に良い動きをした銘柄や指数の大きなリストを作って、自分の「タグリスト」に入れています。私は二～三日ごとに、このタグリストの銘柄を一つずつスクロールして、どの銘柄グループや業種が順調で、どれが順調でないかという感触を得ます。

これは私が二五年間やってきて、うまくいっている手作業です。ところで、このリストには約一四〇〇銘柄が含まれているので、ざっと目を通すのにも非常に骨が折れます。でも、私たちはこれを土台にして、できるだけ早くセットアップやチャートパターンを見つけているのです。

リッチー二世　私は業種から探すことはありません。まず、強い銘柄を探して、そこから業種かテーマが浮かび上がってくるかどうかを見ます。

質問2の8　IPO（新規株式公開）銘柄をトレードしますか？　また、取引された過去データがほとんどない銘柄で、モメンタムをどうやって決めるのですか？

ミネルヴィニ　私は公開されてからある程度の取引期間ができるまで待ちます。少なくとも三～四週間は見ていたいですね。公開されて間もない銘柄をトレードするときには、もちろん短い時間枠で見ます。ほんの数週間では長期トレンドがないので、チャートや、株価と出来高の動きに焦点を合わせることになります。私はテクニカルやファンダメンタルズという点で、より長期の取引データを持つ銘柄と同じ特徴が形成されているかどうか確かめようとします。しっかりしたベースが形成されているのなら、その銘柄が横ばい圏――最高値近くが望ましい――を上放れたときに買います。

ライアン　私も同じです。私は少なくとも二週間は取引されたあとで買いたいです。最も良いＩＰＯ銘柄はだれも気にかけないほど相場全体がひどい時期に公開されるものです。そして、三カ月以上に及ぶ大きなベースが形成され、相場が全般に良くなり始めたときに、真っ先に新高値を上にブレイクするものが最高です。

ザンガー　一部のＩＰＯ銘柄は公開直後から動きが速く、通常は二～三日から一週間ほど上昇すると、二～三週間から二～三カ月動きが止まるか、ベースを形成します。私はモメンタム銘柄を買うときにいつもやるように、ＩＰＯ銘柄でもしっかりしたピボットポイントを上にブレイクしたときに買います。

リッチー二世　トレードはしますが、公開初日にはしません。マークやデビッドと同じく、通常は少なくとも二～三週間、理想的には数カ月たってから買うかどうか考えたいです。株価がかなりの値幅を動いたら、その銘柄をほかの興味を引く状況と同じように扱います。ただし、上場後の期間が短いことを重視することもあります。そちらの銘柄のほうが定義からして、幅広い機関投資家にフォローされていることも保有されていることもないので、その後は大幅に上昇する可能性があるからです。

質問2の9　大型株には小型株と異なる銘柄選別の基準を用いますか？　そうであれば、どのように変えますか？

ミネルヴィニ　大型株のほうが取引参加者が増えやすいので、その銘柄が非常に人気化して、だれもが話題にするようになると特にですが、いわゆる「人気化した取引」が起きやすい。そうなるとランダムな値動きが多くなるので、それらの銘柄では仕掛ける前に安値を切り下げて、振るい落としが起きるまで待つことが多いです。大型株ではしばしば、相場調整の初期に乗ろうとします。大型株を買うのに最も良い時期は、下げ相場か大幅な調整から抜けようとしているときです。小型株では新高値近くでトレードをする傾向にあります。それらは株価が効率的に決まりにくいので、「大衆の逆を行って」安く買おうとする必要がないからです。

ライアン　大型株は中小型株よりも成長率が低いという前提で見ます。単に数字の問題です。

年間売上高が一〇億ドルの会社が売り上げを二倍に伸ばすのは、二億ドルの会社が二倍に伸ばすよりも難しいですから。大型株のほうが通常は流動性が大きいので、仕掛けや手仕舞いは楽ですが、大型株は小型株ほど株価が大きく動くことはめったにありません。

ザンガー　大型株は一般に、私が望むほど成長率が高くないので、通常はけっして持ちたいとは思いません。発行済株式数が六〇億株に近いのに、成長率が三〇％というアップル（ＡＡＰＬ）のような銘柄をいくつか保有してトレードしたことはあります。しかし、私がトレードをするほとんどの銘柄は発行済株式数が四〇〇〇万～八億株のもので、フェイスブック（ＦＢ）やアリババ（ＢＡＢＡ）のように最近大きく上昇した少数の銘柄の場合は二〇億株までのものもトレードをします。アリババは上場して一カ月後に非常に人気化しましたが、その後に暴落しました。それでも、私はなんとか一株当たり二五ドルの利益を確保できました。

リッチー二世　時価総額が大きい銘柄ほど、私は割り引いて見ます。それは単に、時価総額が大きくなるほど、株価が非効率的に決まる確率が低くなるからです。定義によって、ある銘柄が多くのアナリストにカバーされ、多くのトレーダーに注目されていれば、非効率的な値動きによってすぐにアルファが生じる確率はずっと小さくなります。これはそうした銘柄をある時期にトレードしたり買ったりすべきでないという意味ではありません。でも、一般にアルファをとらえたいのなら、大型株は割り引いて見る必要があります。

質問2の10　株の空売りをしますか？　するのであれば、空売り側にどうやって動くのですか、それとも買いと空売りのポジションを同時に持つのですか？

ミネルヴィニ　私が買いと空売りを同時にすることはめったにありません。通常は買うか現金で持つかです。下げ相場では、売り手側でトレードをしますし、天井が形成されて多くの先導株が下にブレイクしたら、株の空売りをすることもあります。ある銘柄が下に大きくブレイクしたら、少ない出来高で上昇している銘柄の空売りをすることがあります。ただし、仕掛けるのは再び下げ始めて、下げるにつれて出来高が増え始めたときです。

ライアン　両建てができる相場はまれです。相場にトレンドが形成されているときには、そちらの側でトレードすべきです。相場が横ばいしているときは、どちら側のトレードも非常に難しくなることがあります。私は買いでほとんどの利益を得ていて、下げ相場では様子見をすることが多いです。

ザンガー　私が買いと同時に空売りをすることはありません。相場が強いのに、どうして空売りをするのでしょうか。強気相場で空売りをしても、けっして報われません。そもそも、私はめったに空売りをしません。私は通常、ボラティリティが非常に大きい銘柄に焦点を合わせているので、空売りをしても急反発をして、素早く反応する時間もないほどあっという間に振るい落とされる可能性があるためです。

空売りで大成功した経験はあります。しかし、それらの銘柄はすべて、長期にわたって上昇していて、傾きが急な上昇トレンドラインか上向きのチャネルを下にブレイクしていると同時に、決算も予想を下回っている銘柄です。

実際、二〇〇四年にイーベイ（ＥＢＡＹ）の利益が予想に届かなかったとき、私は一六万株を空売りして非常に大きな利益を得ました。株価は決算発表後の一〇分間で二〇ドルも急落したのです。そして、その後も数日間大きく下げ続けたので、そこで利食いをしました。ですが、空売りでそれほどの利益を得ることはまずありません。

リッチー二世　空売りは買いよりもはるかに難しいと分かりました。今ではめったにしませんし、空売りをするときは方法を変えています。まず、私は個別銘柄そのものの空売りはけっしてしません。大きな理由は、理論的にリスクが無限大になり得るものをトレードするのが良いとは基本的に思わないからです。それで、私が株の空売りをするときには、オプションを使います。それも通常は、リスクとリターンを非常に簡単に測ることができて、どれくらいの確率になりそうかを検討できるスプレッド戦略を用います。

同じことは市場全般でも言えます。私は株価指数を売ることがありますが、大部分はオプション取引で、ときどき先物を使います。通常は大きく下にブレイクしたあとに売るのが私のやり方です。その後のいわゆる自律反発後の戻りで売りを狙います。私は新高値付近にあるものは何も空売りしようとは思いません。私の考えでは、それは短期では負けるからです。

質問2の11　監視リストの「本命」がトレードできるようになるまではほかの銘柄をトレードしないで、本命に買いシグナルが点灯するのを待つことはありますか？

ミネルヴィニ　私は本命を持たないように心がけています。私の直感はかなり当たると思いますが、いつかは間違えるので、自分の相場観を信頼してはいけないということを学びました。トレードに対する思い込みが強いときには、相場を信頼して自分の考えを捨てることが難しくなります。ほかの銘柄が上にブレイクしているのに、上昇すると考えている銘柄がブレイクするまで待てば、重要な先導株を逃すかもしれません。私は自分の相場観ではなく、相場の動きに従いたいです。相場はけっして間違えませんが、相場観はよく外れるからです。

ライアン　待たないです。私が求める特徴をすべて持つ銘柄が買い場を超え始めたら、私はそちらを買います。私の監視リストの「本命」はもう二度と動かないかもしれません。すると、上昇している銘柄に使えたはずの資金は寝かせたままになります。

ザンガー　私は待つことはよくありますが、ひとつ気をつける必要があります。自分の「本命」よりも前にベースから上放れる新たな銘柄のほうが、次の高値株になることもあるからです。本命ではなかったこの新しくブレイクした銘柄のほうを、通常はトレードするでしょう。そして、大きく上昇すれば、すぐに私の新しい本命になる可能性があります。その後に、前の本命が上にブレイクしたら、いつでも新しい銘柄のポジションを減らして、前の本命にその現金を投資することだってできます。

リッチー二世　まあ、「本命」というのはちょっと誤解を招きやすい言葉ですね。本命があると、適切な判断ができなくなることがあるので、私は本命を持たないようにしているからです。でも、自分で買いたい銘柄だと分かっているときには、それまでに何銘柄買っていても、それを買います。ある金額までしか買いたくないが、買いたい銘柄にまだ買いシグナルが点灯していないときには、決断を迫られます。しかし、通常は自分の基準を満たす銘柄を待つことはありません。相場は私よりも賢いと思っているからです。ですから、私はどの銘柄でも最初に動いたものを買おうとします。

第3章　ポジションサイズ

質問3の1　通常は何銘柄ぐらい保有していますか？　また、保有銘柄は限られた範囲に絞り込むべきだと思いますか、それとも広く分散すべきでしょうか？

ミネルヴィニ　大事なのは、あちこちに分散すれば一貫して並外れたパフォーマンスを得ることはできないということです。かなりのエッジ（優位性）を持っていれば、分散することは役に立ちません。パフォーマンスが落ちるだけです。私はポートフォリオの二五％を限度に、特定のポジションにできるだけ多くの資金を集中させたいと考えています。初めから二五％を投資しなくても、最も良い銘柄のポジションではそこを目指したいです。この数字は単なる思いつきではありません。数学的に言えば、利益額と損失額の比率が二対一のトレーダーの場合なら、最適なポジションサイズは二五％です。これを決める方法について詳しく知りたければ、「オプティマルf（最適f値）」か「ケリーの公式」について調べるとよいでしょう。

もちろん、少数の銘柄に集中投資するときには、そのトレードを注視し続けて、何かあったらすぐに手仕舞わないといけません。しかし、集中投資をして下落に対する管理をしっかりすることが、多大な利益を得る方法なのです。そうすれば、自分が正しいときには大金をものにできるでしょう。

ライアン　まったく彼の言うとおりです！　株式市場で大きな利益を得るには集中投資をするしかありません。私はポートフォリオで一〇のポジションを取り、それぞれ一〇％ずつの比率から始めます。しっかりフォローするのが難しくなりすぎるので、銘柄数は絶対にそれ以上は増やしません。

銘柄の一つがうまく上げて新しいベースを作り、再び上昇を始めたら、そのポジションの比率をもっと高めます。上昇によって、それがポートフォリオの一三％を占めるまでになっていたら、さらに五～七％を買い増して一八～二〇％の比率にするかもしれません。要するに、順調に上げているポジションだけを買い増すのです。ポジションの評価額は上昇と、その後に新しいベースが形成されたあとの買い増しによってしか増えません。その後に信用取引にまで手を出したくなければ、ポートフォリオのなかでパフォーマンスが劣るポジションを減らすか手仕舞うかします。

ザンガー　それは実際には相場によりけりですね。強い上昇相場なのか。上昇相場はどれくらい続いているのか。どれほど幅広く上げているのか。非常に強い相場で、大きく上げている銘柄が一つだけでないときには、二二銘柄まで保有することもあります。大きく上げている銘柄数がもっと少ない典型的な相場では、八～一〇銘柄くらいにし、さらに五～六銘柄まで減らすときもあります。相場がひどくちゃぶついて、下げがきつい日があり、あちこちでギャップを空けるときには、二つか三つの銘柄だけに資金の一〇～一五％を投資する場合もあるし、二〇一四年にあったように極端なちゃぶつきが生じているときには、何も保有しないかもしれません。

二〇〇六年は、新高値を付ける銘柄もあったのに、極端なちゃぶつき相場でひどい損失を被りました。新高値を付けている銘柄があっても、利益が得られる保証はありません。長期的にこの闘いで成功するためのカギは、たとえ二～三銘柄が新高値を付けて買いたくなっても、まったくポジションを取らないことです。私にとって、大きく上げている銘柄が二つか三つしかない相場は、トレードをするのにふさわしい相場つきとは言えません。

市場全般が高値を切り上げていて、かなり多くの銘柄が新高値に向けて上げているような強気相場でないといけません。チャート上に多くの底堅いベースが形成されて、それらの銘柄の多くで収益が大幅に拡大していることが、相場全般の健全度を測る重要な指標であり、最終的にはそれらの銘柄が私のポートフォリオに入ります。

リッチー二世　保有銘柄数は、私が相場をどれほど健全と見ているかで大きく変わります。守りの態勢にある時期には、まったくポジションを取りません。逆に、限度いっぱいまで信用取引をしているときには、二〇銘柄も保有しているかもしれません。これはまた、強気相場のサイクルのどの辺にあると私が考えているかにもよります。しかし、理想的には可能なかぎり資金を集中させたいです。

私は分散するのが必ずしも悪いとは思いませんが、市場平均を上回りたいのであれば、分散は確かに過大評価されている流行語です。一貫して市場平均を上回りたければ、パフォーマンスが良い銘柄に集中投資するしかありません。実際、トレードに関しては、一般に広まっている教えは何であれ、おそらく一度は疑ってみるべきですし、分散についてもそれは同じです。

例えば、二～三銘柄に資金を集中させるのはリスクが大きく、広く分散するほうが安全だと考えられています。五銘柄か五〇銘柄かのどちらかを保有できると言われたら、五〇銘柄のほうが安全に思えるかもしれません。ですが、五銘柄のときと同じくらい五〇銘柄すべてを注視できる人がいるでしょうか。

二～三銘柄を見ているだけなら、細かい点で何かがおかしいと気づいて動くことができます。それに、本当に良いパフォーマンスを示す銘柄は多くはありません。だから条件が同じなら、定義によって、銘柄数を増やすほどパフォーマンスが劣る銘柄の割合が確実に増えます。どの期間を取っても、本当にパフォーマンスが良いのは一握りの銘柄だけだからです。

質問3の2　総資金のうちでリスクにさらす割合は、典型的な一回のトレードでどれくらいですか？

ミネルヴィニ　通常は、総資金の一・二五％から二・五％の間です。例えば、総資金の二五％に当たるポジションを取り、そこから五％下に損切りの逆指値を置けば、総資金の一・二五％がリスクにさらされます。

ライアン　私は最大でも、各トレードで総資金の一％しかリスクにさらしません。私は資金を一〇のポジションに分けます。あるいは最初に一つのポジションを取るときに、資金の一〇％を使います。すると、一銘柄で八％の最大損失を被った場合、実際には一％以下の損失になります。ほとんどの場合、私は八％の限度に達する前に損切りをします。

ザンガー　私は損切りの逆指値をかなり近くに置くので、一つのトレードで二～三％のリスクしかとっていないかもしれません。もちろん、それは悪いニュースでギャップダウンが起きなければの話です。私がトレーダーになって以来、そういうことは数え切れないほど起きていて、一晩で一つのポジションにつき一〇～一五％以上の損失を被る可能性もあります。

典型的な相場では、私は一回のトレードにつき最大で口座資金の一〇％を投資します。ですから、私が一回のトレードでとっているリスクは総資金の一％よりも小さく、〇・二～〇・三％です。極めてまれですが、ある銘柄が大幅増益を理由に上にブレイクして、出来高も急増したときには、ポジションサイズを二五％まで拡大する場合もあります。

リッチー二世　一回のトレードについて私がとるリスクは過去数年で下がってきました。でも、平均すると、当初のポジションで約〇・五％のリスクをとり、そこからポジションを積み増していきます。

質問3の3　通常はポジションをいくつ取ると、リスク限度いっぱいに達しますか？

ミネルヴィニ　一〇～一二のポジションを超えることはめったにありません。私はしっくりくる四～八銘柄に可能なかぎりの資金を投資したいと思っています。

ライアン　私のポートフォリオでは一〇以下です。私はポートフォリオをセグメント別に一〇に分けて、五％の買いから始めます。それがすぐにうまくいき始めたら、そのポジションを一〇%まで買い増します。そこからは、ポートフォリオでそのポジションの比率がどこまで高まるかは、その銘柄の値動き次第です。その銘柄が大きく上昇してポートフォリオの一五%を占めるまでになり、新しいベースを形成していれば、上にブレイクしたときにそのポジションを買い増して、ポートフォリオの二〇%を占めるまでになるかもしれません。

ザンガー　それはそのときの相場と、大幅上昇をしている銘柄やセクターがどれくらいあるかによります。市況によって、八～二五銘柄までの範囲で変えます。

リッチー二世　たいてい、四から一二までの間で決めます。これは私が最近のトレードにどれくらい自信を持っているかと、中期サイクル――つまり、強気相場の初期、中期、後期など――のどの段階にあると自分で判断しているかに関係しています。

質問3の4　ポジションサイズを最大でどこまで増やしますか？　口座資金のすべてを一銘柄につぎ込むことはありますか？

ミネルヴィニ　一つのポジションに対する私の最大限度は最適な値である二五%です。もっと保守的にするかトレード初心者であれば、一つのポジションに資金の一〇～一二%（合計で八

〜一〇銘柄）までにすればいいかもしれません。ですが、二五銘柄も保有する必要はありません。また、一銘柄に集中投資してポートフォリオ全体をリスクにさらすべきではありません。それではリスクが高すぎます！

私は一九九〇年代初期にあやうく災難に遭いそうになって、この教訓を学びました。私はある銘柄――たしか、フューチャー・ヘルスケアとかいう名前でした――を買おうかと思っていて、やめたのです。翌朝にその株は八〇％もギャップを空けて下げました。まさにそのときに、一銘柄だけのためにポートフォリオ全体をリスクにさらしては絶対にいけないと悟ったのです。一方、一つのポジションに二五％の資金を入れていれば、非常に大きな利益を得られるほどの集中投資になりますが、破滅的なことが起きても損失はまだ取り戻せます。

ライアン　市場全般の動きが良くて、持ち株のほとんどが上げているときには、一つのポジションの比率が二五％に達することがあります。ただし、それは株価の上昇によって比重が上がった場合だけです。最初から一つのポジションに資金の二五％を入れることはありません。

ザンガー　私は一度だけ「満玉を張った」ことがあって、あやうく破滅しかけました。ある会社の株が金曜日に二七ドルだったのが月曜日に六ドルまで下げたのです。その会社の会計処理に問題があり、私の持ち株はまったくの詐欺だという記事をバロンズ紙が載せたためです。それは信用取引ができない銘柄だったので本当に助かりました。信用買いをしていたら、私は破産裁判所の裁判官に全財産を渡すしかなかったでしょう。

一方、グーグル（GOOG）が上場後に初めて大きく上昇し始めたころの二〇〇五年には、非常に大きなポジションを取っていました。当時の私の口座の五〇％ぐらいを占めていたのです。それは私にとって大成功で、私が一銘柄にそれほどの資金を投資した最後でした。二〇一二年にアップル（AAPL）は二回、大きく上昇しましたが、そのどちらの場合でも私は三〇％の比重にしかしませんでした。

一般に、ある会社の利益が目覚ましく伸びていて、その株も極めて力強い上昇をしているうえに、しっかりしたベースから上放れていたら、その一つの株に資金の二〇％まで投資するでしょう。

リッチー二世　私は通常、一銘柄の比率を二五％以上にはしませんが、少数の良い状況で一銘柄を五〇％にまで膨らませたことがあります。口座資金のすべてを一銘柄に投資するという考えは支持できませんし、私は一度もしたことがありません。私が一つの銘柄で大きなポジションを取っているときは、すでに含み益があるときだけです。そのときに、トレードが順調に進むにつれてポジションを増やすのです。

質問3の5　口座資金に対する比率で言うと、通常のトレードで最小のポジションサイズはどれくらいですか？

ミネルヴィニ　相場が思惑どおりの動きをせずに、損切りの逆指値にたびたび引っかかるときには、ポジションサイズを段階的に縮小します。ですから、そういう状況では最低限度はありません。しかし、通常は最低でも五％のポジションからトレードを始めたいと思っています。

ライアン　相場がしっかりした上昇トレンドでないときには、ポジションを五％に抑えたところから始めて、うまくいくにつれて増やしていきます。

ザンガー　そうですね、相場がちゃぶついていて手ごわいときには、相場と波長を合わせるためだけに、一％を投資するかもしれません。マーケットにとどまっているほうが、相場が良くなり始めたときの感触がうまくつかめると思います。何も投資をしていないと、相場が思惑に反した動きになると、すぐにビーチやゴルフコースに出かけやすいものです。すると、相場の動きをとらえ損なってしまいます。

リッチー二世　私は最低額を決めていません。出来高が少ない銘柄なので多くは買えないけれど、流動性という点から適切だと判断できる額でポジションを取る場合もときどきはあるからです。流動性が問題にならない多くの銘柄については、六・二五%よりも小さいポジションは通常取りません。

質問3の6　トレードごとのポジションサイズは、リスクにさらす金額で決めていますか、それとも特定の比率に基づいて決めていますか？

ミネルヴィニ　私は仕掛けるときに、「このトレードではこの額までしかリスクをとらないぞ」と言い聞かせて、その金額を投資することがときどきあります。でも、ほとんどの場合は比率を使っています。たいていは試し買いをするときに資金の五～一〇%のポジションを取ります。そして、相場が思惑どおりに動いていれば、最も良いいくつかの銘柄をポートフォリオの二五%まで大幅に増やします。

ライアン　私は特定の比率でトレードをします。口座の資金が増えていっても、比率は変えません。

ザンガー　新しくトレードを始めるときには、翌日の寄り付きでギャップダウンした場合、どれだけの損失まで耐えられるかを計算しておきます。私はトレード後ではなく事前に、損失を最小限にとどめるための対策を立てておきたいからです。そして、その損失が許容できるなら、その銘柄の流動性を見ます。それで、その銘柄が逆行したときにどれほど素早く手仕舞えるかを判断するのです。そうして初めて、最後の重要な要素に移ります。グローバルな事業展開に積極的で、収益も巨額な超一流企業であれば、その一銘柄にポートフォリオの二〇％までの資金を投資することもあります。

もっと一般的な場合だと、強気相場で幅広い銘柄が買われているという好ましい状況では、五～七％が平均です。ただし、最も強く上げている銘柄ではもっと増やします。最適なポジションサイズを決めるには、相場観を養う必要があります。実際に失敗をしないと、そういう直感は働くようになりません。ポケットに残っている小銭を出してから洗濯をするようになるまでに、二～三回ヘマをするのと同じです。

リッチー二世　私は株に何パーセントの資金を割り当てているかで、銘柄数を決めます。ですが、私は自分の長期的な平均損失がよく分かっているので、個々のトレードでもポートフォリオ全体でも、リスクをとっている資金額が常に頭に入っています。流動性を気にしないでよければ、通常は最大ポジションの何分の一かでトレードをします。例えば、二五％が私の最大限度であれば、一二・五％か六・二五％ずつ増やします。

質問3の7　口座資金が増えるのに合わせて、ポジションサイズを増やしていきますか？　それとも、年間を通して同じポジションサイズにして、一回のトレード当たりのリスク額を変えないようにしますか？

ミネルヴィニ　私はいつも口座資金をすべて使います。しかし、新人トレーダーは口座資金が二五％か五〇％増えるまで、少し待つように勧めます。

ライアン　ポジションサイズは口座資金に対する比率で決めます。それが一〇万ドルか一〇〇万ドルかは重要ではありません。最初に取るポジションは口座資金の一〇％です。

ザンガー　良い質問であり、私が長い間対処しなければならなかった問題です。私は年間を通してポジションサイズを増やさないように心がけています。これは口座の評価額が大きくなっている間は相場が上昇していて、その相場がもっと続く可能性も高まるという仮定に基づいています。その結果、相場が続くほど調整に遭いやすくなります。そして、ポジションサイズを大きくしているほどリスクも高まるので、私の損失額も膨らみかねないのです。

リッチー二世　私はドローダウン（資産の最大下落）で被るリスクの大きさという観点から考えます。そして、思惑どおりにいけばすぐにポジションサイズを増やすほど積極的な一方で、悪い時期に入るたびにポジションサイズを縮小する必要がない程度に防衛的にしています。方法は、自分の過去のトレードを見て、通常のドローダウンが何パーセントぐらいかを判断するのです。いったんその水準を決めたら、平均ドローダウンを大幅に上回る利益が出るまでポジションサイズは増やしません。

質問3の8　非常に大きなポジションを取っても大丈夫だという自信は何から生まれるのですか？

ミネルヴィニ　リスクが小さいほど、大きなポジションを安心して取れます。リスクは損切りの逆指値をどれだけ離しているかと、その銘柄にどれだけ流動性があるかで決まります。私はポーカーの手でトレードを格付けしています。エースとキングは私が最も注目するカードで最高の手です。一方、七のワンペアはそれほど重視しないかもしれません。さらに、含み益が出たらすぐに買い増しをしてリスクを拡大させられるように、直近のトレードで続けて成功しておきたいですね。

ライアン　まず、大勝する銘柄の特徴として私が求める条件をすべて満たす会社であることです。次に、それが強い上昇トレンドを形成していて、押しでも売りがほとんどない銘柄であれば、それが一番の確信になります。最後に、強気相場であれば、どの銘柄も上げる動きをするので、ポジションを増す確信がさらに高まります。

ザンガー　長年のトレード経験が役に立ちます。上昇に勢いがある銘柄で、出来高が非常に多く、収益も抜群に良いものを見つけられたら、負けようがありません。しかし、強気や弱気のかすかなチャートパターンですら気づけるようになれば、毎回、自信を持つのに大いに役立ちます。

上にブレイクして勢いよく上げている銘柄でも、早いうちに厄介な動きをして、弱気のチャートパターンをちらりと見せて、注意を促されることがあります。私はチャートの微妙な動きから、すぐにその銘柄のポジションを三〇～五〇％減らすか、すべて手仕舞うこともあります。

株価が二〇ドル上げたあとにポジションの半分を売れば、二〇ドル分の利益を確定できます。その銘柄が上げ続けても、私はまだそのポジションの残りの五〇％で含み益を増やし続けています。もしもその銘柄が下げても、初めに投資した額の五〇％はすでに利食いしています。チャートを読むときにエッジ（優位性）があると感じられるなら、このようにどちらに転んでも勝てるシナリオほど自信を持てるものはありません。

リッチー二世　成功ですね。これはマーク・ミネルヴィニが彼の信奉者の頭にたたき込んだ概念です。私は幸いにもトレーダーになって早いうちにそれが理解できました。少なくとも私にとっては、勝ったすぐあとに大きくトレードするほうが、いつもずっと楽です。しかも、そうすればその後に破綻するリスクが減ります。さらに、下準備をして覚悟もできているので、トレード額を増やしても感情に引きずられません。

質問3の9　セットアップの「質」はどうやって判断するのでしょうか？　ある銘柄がほかの銘柄よりも多くの資金をつぎ込む価値があるとすれば、どうやってそのトレード額を決めるのでしょうか？　それとも、ポジションサイズはすべて同じにしておきますか？

ミネルヴィニ　私は同じにしようとしますが、いくつかの理由で必ずしもそうはいきません。ひとつは流動性とボラティリティ（価格変動率）です。その銘柄が非常に小型かボラティリティが高すぎるときには、大きなリスクをとりません。もうひとつは私のトレードのリズムです。負けトレードが続いているときには、たとえ大きく賭けてよさそうな銘柄でも、普通はトレード額を減らします。セットアップの「質」は値動きや出来高の動きと収益力で決まります。良い銘柄は、株価の上昇に勢いがあり、利益と売上高が最も良いのです。

ライアン　投資を四〇年続けて、おそらく何百万ものチャートを見てきた結果、大きく上げる銘柄には動く前に一定のパターンが見られることが分かっています。上にブレイクする一～二週間前には通常、チャネルやフラッグなどの上下に対称的な値動きと、狭い値幅での横ばいが見られます。その二つのパターンがあれば、限度いっぱいまで買おうという自信が生まれます。また、この銘柄で大勝できるかもしれないという確信を抱くためには、値動きに加えてファンダメンタルズも良くないといけません。

ザンガー　しっかりしたベースとボラティリティが主な要素です。次に考慮するのは、ベースがどれくらい長く続いているかと、そのベースが非常に高値水準で形成されているものか、あるいは第一ステージか第二ステージのものかです。日中に大きく動くことがある銘柄は投資する条件を満たしています。そのしっかりしたベースからの上げ幅が大きそうであるほど、そのトレードに資金をつぎ込みたくなります。きっと、その銘柄はもうすぐ大きく動くというシグナルをすでにたくさん出しているはずです。

リッチー二世　もちろん、私はすべてのポジションサイズを等しくはしません。私は原則として、資産クラスや戦略に関係なく、自分が最も確信を持っているアイデアに最も多くの資金を投じるべきだと思っています。セットアップの質で投資をする額を決めるのは本当に高度な技で、常に磨きをかけようと心がけています。

一般に、私はまずテクニカルを見てからファンダメンタルズを見て、最後に業種を見ます。最も良い状況は三つすべてがそろって良いときです。ただし、それは私が最大のポジションを取ることを必ずしも意味しません。それは最近のトレード結果や、リスクをとっている資金の総額、それに流動性によります、非常に良い状況だけど、とても小型の株で大きなポジションを取れないということも時にはあるからです。ですが、私は自分で落ち着ける範囲までしか投資しないでしょう。なぜなら、素早く手仕舞う必要に迫られたときに、すぐにそうできるようにしておきたいからです。

第4章　テクニカル分析

質問4の1　ある銘柄に興味を持ったあと、どうやって実際に買うのですか？　買う前に、株価と出来高について具体的に何を探すのですか？

ミネルヴィニ　出来高が細るか売りが枯れて、株価の変動が小さくなっているところです。モメンタム銘柄で素早く大きな利益を上げるには、上昇に最も勢いづく領域で待ち、的確なタイミングでトレードをする方法を学ぶ必要があります。強い上昇トレンド途上にある銘柄を見つけたら、ＶＣＰ（ボラティリティ［価格変動率］の収縮パターン）を探すことです。その銘柄が最少抵抗線を上抜けてピボットポイント（横ばい圏で値幅が最も狭い領域）を大きく上放れる可能性があるかどうかを判断するにはそれが最良の方法だからです。このセットアップとそれを利用したトレード法の詳しい説明については、私の著書『**ミネルヴィニの成長株投資法**』（パンローリング）の第10章「百聞は一見にしかず」を参照してください。

ライアン　私は値動きが非常に安定したところを探します。マークが言うように、買う前に株価の変動が大きいものは私も好みません。その銘柄が動き出す前には、閑散として値動きが極めて小さい期間が一週間以上続くべきです。そうした横ばいは通常、もっと大きなベースを形成したあとに現れ、そのチャートパターンの上半分を動いています。

ザンガー　できるかぎり単純な言い方をすれば、すべては日中の値動き次第です。ある銘柄に目立った値動きがなければ、それはパフォーマンスが劣る銘柄の手掛かりになります。競馬界で例えると、私はセクレタリアトかアファームド、アメリカンファラオのようなサラブレッドを探していますが、それらはめったに現れません。だから、毎日、相場の感触をつかみながら、そうしたサラブレッドのように大きく動く銘柄を見つけるスキルを磨いて、それらを早いうちにとらえる方法を学ぶ必要があるのです。

リッチー二世　私の経験では、株価が横ばいしたあと、上昇トレンドを形成して整然と動いていてほしいです。理想的には、横ばい圏での出来高はあまり多くなく、平均以下であればさらに望ましいです。実際に仕掛けるのは、ある株価水準に達したら買いたいと思っている銘柄のうちのどれに決めるか、という問題にすぎません。ほかの銘柄は、もう少し様子を見てから決めようと思うかもしれません。でも一般的に、そうしたことはその日の寄り付き前に決めておきます。

そして、買いたい銘柄の日中の値動きが本当に良くて、そのときの持ち株も順調に動いていれば、もっとリスクをとって買う株数を増やすこともあります。逆に言えば、初日の計画をより積極的にするか保守的にするかはその日の値動き次第です。

質問4の2　テクニカル分析の観点から良い値動きであれば、相場が非常に強いときにはファンダメンタルズがさえない銘柄にも投資しますか？

ミネルヴィニ　多くの最良トレードとは、ファンダメンタルズ面もテクニカル面も良く、市場全般が強気と、三拍子そろっているときに実現するものです。だから、私は市場全般が堅調な時期に、ファンダメンタルズ面もテクニカル面もしっかりした銘柄に焦点を合わせようとします。ですが、人生は完璧ではありません。私が「説明できない強さ」と呼ぶ、テクニカル的に良いセットアップを整えている銘柄は、あまり目立つことがなく、「混雑」もしにくいため、しばしばリスクに比べてリターンが高いトレードになります。それで、チャートの動きが非常に強いときには、ファンダメンタルズに明らかな強さがない銘柄でも私はトレードします。

一見するとさえないファンダメンタルズを私が無視するときは、その銘柄の勢いが非常に強くて、チャートを見ると本当に何か大きなことが間違いなく起きている場合がほとんどです。これは有望な新薬が出そうか、ＦＤＡ（米食品医薬品局）の承認が得られそうだという理由でトレードされることが多いバイオテクノロジー株や医薬品株で起きることがあります。

ライアン　私はテクニカル面だけを理由に買うこともありますが、それは一回のトレードのためだけに行うものです。しかも、頻繁に行うことはありません。私はファンダメンタルズもテクニカル面も良い銘柄を望みます。両方とも良ければ、何カ月あるいは何年もですら、長く素晴らしい値動きをする原動力になることもあります。テクニカル面しか良くないのであれば、早いうちに良い決算が出始める必要があります。そうでないと、その値動きは長く続かないからです。私はデイトレードはしません。その銘柄が上昇トレンドにあるかぎり、ポジションを維持したいのです。非常に短期のトレードをしている人であれば、テクニカル面のセットアップだけでトレードできるかもしれません。

ザンガー　もちろん、私は買います！　マークが指摘したように、最高の成長株のなかには、良い決算発表が出るずっと前に上げるものもあるからです。ファースト・ソーラー（ＦＳＬＲ）は二〇〇六年後半に二四ドルくらいで新規公開しましたが、利益は出ていませんでした。それでもしっかりと利益が出る前に、わずか一八カ月で三〇〇ドルまで上げました。

ところで、その当時の利益は途方もないもので、株価が三〇〇ドルをわずかに超えたころに結局は最高益に達しました。それ以来、株価は下げて、二〇一五年には四〇ドルになりました。良い決算が出る前に、株価が動くことはよくあります。しかし、いつもではありません。特に強気相場のステージ後半には必ずしも当てはまりません。

リッチー二世　私はどちらの場合でも買います。私はファンダメンタルズが良い銘柄を望みますが、チャートが本当に良さそうであれば、ファンダメンタルズがさえなくても買います。ライアンの触れた点について言えば、私の銘柄はほとんどが長期投資ではなく、トレード対象のものです。

質問4の3　ファンダメンタルズは良くないのに、RS（レラティブストレングス）の値は非常に良くて、株価が五二週高値に近い銘柄は、先導株と呼べるでしょうか？　RSの値が良い銘柄はファンダメンタルズにおいてもそれなりの理由があるはずだという主張もできます。

ミネルヴィニ　ええ、それは価格面での先導株だと言えます。そうなると、市場に勝っているわけですから、定義によって市場での先導株になります。先導株は値動き、利益、売上高などで測ることができます。私はそれらすべてがそろっている銘柄を好みますが、前に言ったように人生は完璧ではありません。

先導株の教科書的な定義は、市場全般や同業他社と比べた株価の動きでなされます。それらはすでに素晴らしい利益を上げている場合もあれば、そうでない場合もあります。ですが、歴史の示すところでは、大きく上げる銘柄の七〇％は、上げる前にすでに素晴らしい利益を出しています。ただし、バイオテクノロジー株をトレードしているのであれば、たいていはまだ利益を伴っていません。

ライアン　ええ、株価に基づいて先導株だと言ってかまいません。しかし、より信頼できる先導株は株価の動きが強いだけでなく、利益も良いものです。

ザンガー　確かに、それで条件を満たしているでしょう。ミネルヴィニが先ほど指摘したように、それは大部分のバイオテクノロジー株に言えることです。それらの多くはまったく利益を出していないのに、途方もない上昇をしています。それらは新薬から得られる将来の利益や、発見した化合物への期待でトレードされているのです。

良い決算が発表される前に上にブレイクする銘柄はたくさんあります。一〇〇年以上前から言われているように、市場は良い経済ニュースが出る六～九カ月前から上昇します。そして、個別銘柄もほとんど同じような動きをします。

リッチー二世　もちろんです。ある銘柄がRSの値で「先導している」のであれば、それは先導株であり、買いの候補として私のリストに入れます。

質問4の4　買う銘柄は上昇トレンドにあることを条件にしていると思います。上昇トレンドをどう定義しますか？

ミネルヴィニ　パーティー会場に一番先に着いたことはありますか。きっと、パーティーが始まるまでぶらぶらして、しばらく待っていたでしょう。みんなが来るまで、パーティーはおそらく盛り上がらなかったでしょう。トレードも同じです。私は株のトレードではけっして一番乗りを目指したくありません。どうしてか。その銘柄が関心を持たれているか確かめたいからです。それも、できるなら大手の機関投資家が望ましい。私はすでにパーティーが進行していることを確かめてから、その「パーティー（一団）」に参加したいのです！

具体的に言うと、私は株価が下向きの二〇〇日移動平均線を下回っている銘柄は絶対に買いません（取引歴が二〇〇日あるとして）。ファンダメンタルズがどんなに魅力的に見えても、長期下降トレンドにある銘柄を買おうとは思いません。長期的に下降トレンドにある銘柄を買えば、大勝できる銘柄を手にする確率はずっと低くなるからです。その確率を高めたければ、上昇トレンドにある銘柄に焦点を合わせるべきです。モメンタム銘柄は定義上、株価が強い上昇トレンドにあるものです。

ライアン　私が買う銘柄の約九〇％は強い上昇トレンドにあるものです。私はある銘柄の五〇日移動平均線が二〇〇日移動平均線を上回っていて、両方とも上向きのものを、上昇トレンドと定義します。もっと強い上昇トレンドは、二〇日移動平均線が五〇日移動平均線を上回り、五〇日移動平均線が二〇〇日移動平均線を上回っている状態と定義できます。私は強い上昇トレンドにあって、インベスター・ビジネス・デイリー社のRSの値が八〇以上の銘柄に焦点を合わせることが多いです。

ときどき、トレンドが転換する状況で買うこともあります。ただし、その銘柄の下降トレンドが終わるときの転換でしか買いません。株価の横ばいが少なくとも三～六カ月続いたあとに上げ始めるものです。最近の例では、二〇一四年一二月上旬に上昇トレンドに転換したルルレモン・アスレティカ（LULU）です。これは六週間で四〇％上げました。私が買ったときには、株価は五〇日移動平均線と二〇〇日移動平均線を上回っていました。五〇日移動平均線は上昇トレンドで、二〇〇日移動平均線は下向きから横向きに変わっていました。

ザンガー　上昇トレンドは私の一番の味方であり、確かに好みですが、逆ヘッド・アンド・シヨルダーズのパターンから上放れている銘柄も買っています。これは安値も高値も切り下げ続けるパターンが終わったあとに現れます。私にとって上昇トレンドにある銘柄とは、階段状に上げる銘柄であり、安値も高値も切り上げながら、上昇途上で値幅が狭いしっかりしたベースを形成する銘柄です。

リッチー二世　ええ、私はこの原則をけっして破りません。株価が二〇〇日、一五〇日、五〇日の移動平均線を上回っている長期上昇トレンドでなければ、私は買おうとは思いません。

質問4の5　ストキャスティックスやMACD（移動平均線収束拡散法）、ATR（アベレージ・トゥルー・レンジ）のような指標を使いますか？

ミネルヴィニ　まったく使いません。使うのは株価、出来高、値動きをなめらかにするための二～三の移動平均線、それに会社のファンダメンタルズ（主に利益、売上高、粗利益率）だけです。ただし重要なことは、自分にとってうまくいくものを使うということです。ストキャスティックスや空に浮かぶ星のパターンを利用したトレードでうまくいくのなら、素晴らしいことです。それをものにして、自分の一番得意な手法にすればいい。やり方は確かにいろいろあります。

ライアン　ストキャスティックスとＭＡＣＤは見ます。それらによって、値動きの強さについて追加情報が得られるからです。しかし、ほとんどは価格と出来高の動きに会社のファンダメンタルズを加えたものに頼っています。私は問題を複雑にしたくないのです。多くの指標を見始めると、混乱することがあります。単純にしておくべきです。

ザンガー　私が一番使うのはＡＩＱトレーディング・エクスパートのＳＫ－ＳＤストキャスティックスです。二四年間これを使ってきたので、非常に安心して使えますし、私にとってはＭＡＣＤよりもはるかに信頼できるものです。ＡＴＲは一度も使ったことがないので、これについては見解を述べることができません。

リッチー二世　私にとっては、ＡＴＲによる測定は短期で先物のトレードをするときに非常に役に立ちますが、かなり短期でしか使いません。私が知りたいのは直近二～三日の通常のボラティリティ水準だからで、特にそれが急速に高まっているかどうかを知りたいからです。また、そのときの相場でどういうノイズが通常なのかを知って、その水準よりも下に損切りの逆指値を置きたいのです。ＡＴＲはそのために使うことが多い指標です。ＭＡＣＤとストキャスティックスは使ったことがありません。

質問4の6　ある銘柄を買うときに、テクニカル面で最も重視するものは何ですか？

ミネルヴィニ　市場全般と比べたＲＳと、同業他社の銘柄と比べたＲＳに加えて、株価と出来高の動きを見ます。最終的には、相場から下される評価が最も重要です。たとえ、ファンダメンタルズが強くても、株価と出来高の動きが良くないかぎり、買うつもりはありません。

ライアン　その銘柄の株価の変動パターンと出来高が私にとって最も重要な指標です。私はそれらを最初に見ます。私が買いや売りを決めるとき、それらを最も重視します。今後の株価の方向を判断するのに、株価と出来高の関係が私にとって最も役立つ指標です。

ザンガー　最も重要な指標は、市場全般が安値も高値も切り上げている上昇トレンドであることで、私が買いたいと思っている銘柄についても同じことが言えます。その次は明確なベースが形成されていることで、そのあとに同業種内での強さを見ます。

リッチー二世　テクニカルのいわゆる指標はあまり使いません。主に株価と出来高だけです。もっとも、次善の策としてはその銘柄のＲＳの評価を見ます。

質問4の7　モメンタム銘柄を買うときに、押しとブレイクアウトのどちらで買うのを好みますか？

ミネルヴィニ　私が押しで買うときは、ほとんど株価がまだベース内にあって、ブレイクアウトをする前になります。前のブレイクアウト水準まで押したときに買うこともときどきあります。それよりも少ないですが、ブレイクアウトをして上昇したあと五〇日などの移動平均線まで押したときに買うこともあります。しかし、私はそれよりも前にすでに買っておきたいです。

ブレイクアウトでの買いでも押し目買いでも、うまくいくなら何であれ、低リスクの良いセットアップが整っていればいつでも買います。私は相場サイクルから見たテクニカルのいわゆる「テーマ」を見つけて、そのテーマに関する相場の傾向に合わせてトレードをしようとします。大切なことはひとつひとつのトレードで精度が高い判断をすることです。押しでのトレードであれブレイクアウトであれ、あまり大きなリスクはとらないほうがいいです。

ライアン　それはまったく、そのときの相場つき次第です。ちゃぶつき相場であれば、ブレイクアウトで買っても失敗するか、大して上昇しないことが多いです。そういうときには、私は押し目買いをするほうが多いですね。相場が強い上昇トレンドなら、ブレイクアウトをすると、そのまま上げ続ける傾向があるため、押すまで待っていると大幅上昇を逃すことがあります。

ザンガー　ブレイクアウトで買うのが最も良く、もちろん、得られる利益も大きくなります。しかし、最初のブレイクアウトで買い損ねたら、押し目買いをせざるを得ません。そのときには一〇日移動平均線を使うか、五分足か三〇分足のような短期のチャートを使います。

リッチー二世　最も良い状況で深押しすることはあまりないので、私はブレイクアウトを好みます。だから、私はむしろ余分に払ってでも、ブレイクアウトをしたときに買います。これは私が押し目買いをしないという意味ではありません。しかし、一般的に押し目買いでは、株価が上にきれいにブレイクしたあとに、しばしば数日、あるいは二～三週間、秩序だって押したあとでしか買いません。

質問4の8　ブレイクアウトをどう定義しますか？

ミネルヴィニ　そうですね、ブレイクアウトはすでに定めていた価格水準――通常はベースか保ち合い圏――を株価が上に抜いたときを指します。前日の高値を買い場に使っているのであれば、株価がその水準を上に抜いたときがブレイクアウトになります。ですから、自分がどういう戦略を使っているか、また、どんな境界線を重視しているかによって変わります。

ライアン　ブレイクアウトとは、ある銘柄がベースか横ばい圏から抜け出すことです。私はベースが少なくとも四週間以上続いてからのブレイクアウトを好みます。ブレイクアウトをしたら、出来高が平均よりも増えているべきです。出来高は少なくとも二五％以上は増えていなければなりません。最高の上昇であれば、一〇〇％以上の多くの出来高の増加を伴って始まります。

ザンガー　株価がベース内のピボット領域に達したあと、出来高の急増を伴って大きく上に抜け、二度とそこに戻らないときです。二日か三日上げたあと一週間ほど休み、再びかなりの出来高で上げ足を速めるかもしれません。ブレイクアウト領域で揺れる銘柄はダマシで終わりがちか、大きくは上げない可能性があります。

リッチー二世　ブレイクアウトという言葉は、価格が何かを超えることを指す総称語です。それはトレンドラインのブレイクアウトのこともあれば、以前の高値か何かほかの重要な水準のブレイクアウトのこともあります。理想的には、ブレイクアウトはこれら三例すべてで起きていてほしいです。しかし、最低でも何らかの重要な水準を上に抜いています。さらに、株式は収益や売り上げなどのファンダメンタルズ面でもブレイクアウトしていることもあります。

質問４の９　私は多くのダマシのブレイクアウトに遭い、株価がベースに戻って、それまでよりもずっと長く保ち合い相場が続くという経験を何度もしてきました。買いの水準に一〇～二〇セント足すのは、ダマシのブレイクアウトを避ける効果的なテクニックと言えますか？

ミネルヴィニ　私は通常、買い場よりもわずか一セント上では買いません。ピボット水準よりも五セントか一〇セント、あるいは二〇セント上げるまでさえ待ちます。私が全力で買うときは、物事が非常にうまくいっていて、保有銘柄に含み益がある場合だけです。そのときには少し基準を緩めて、買い候補の銘柄に都合の良い解釈をするかもしれません。ほかのときには通常、私は株価が確実に上げていると分かるまで待って、少し高いところで買いたいです。ただ、そうやっても下落することはあります。実は魔法の数字などないのです。

そのことを踏まえて言えば、ある銘柄を買ったのに下落して長く横ばいが続いた場合、私は損切りの逆指値に引っかかるかもっと魅力的な銘柄が現れるかしないかぎり、通常はそれを保有し続けます。覚えておいてほしいのですが、一つの価格ですべてを買う必要はないのです。私は通常、試し買いをして、自分のポジションが順調に動き始めたときに段階的に買い増します。これは仕掛けるときの細かい技です。

ライアン　私はその銘柄がブレイクしたら買おうと決めていたぴったりの価格にこだわります。

最近のブレイクアウトでダマシに遭い続けていたら、まずそれまでよりも少ない金額で買い、終値で上げていて、翌日も上げ続けていたらすぐに買い増すのがいいと思います。一日ですべてを買う必要はありません。その銘柄と市場全般の強さに応じてポジションサイズを調節すべきです。

ザンガー　相場が荒れていて、しっかり上にブレイクする銘柄があまりなければ、私は基準を厳しくして、買う株数も減らすでしょう。仕掛けたときと同じくらい、素早く手仕舞う必要があるかもしれないからです。

リッチー二世　私の考えでは、ダマシのブレイクアウトを避ける方法はありません。それはブレイクアウトに基づくトレードでは必ずあるリスクであって、ダマシは珍しくないのです。仕掛ける水準を少し引き上げるのは必ずしも悪いアイデアではありませんが、どの銘柄かによると思います。

例えば、流動性が大きい銘柄では、私はしっかりブレイクするまで待つことが非常に多いです。前の高値や安値は目立ちやすいテクニカル水準なので、ほかの市場参加者やマーケットメーカーなどに振るい落とされるか、一気に上に抜かれがちだからです。

そのため、ブレイクアウトでトレードをする人は常に多少は「余計に払う」気がないといけません。最高のトレードとは定義上、余計に支払って仕掛けるしかないときでさえ損をしないものだからです。それでも、本当に無理なくブレイクアウトしているのなら、かなり素早く手が届かなくなるでしょう。ですから、ブレイクアウトで買うトレーダーがやるべきことは、あらゆるツールやテクニックを使って、本格的にブレイクアウトしていない銘柄を買い候補の対象から外すことです。

質問4の10　出来高が少ない保ち合いか横ばいの期間にポジションを取ることはありますか？それとも、ある水準をブレイクアウトするまでいつも待ちますか？

ミネルヴィニ　一般的に私はその銘柄がブレイクアウトするか、少なくともピボットポイントをはっきりと上に抜け始めるまで待ちます。私は死に金を使いたくないので、たとえブレイクアウトする前に仕掛けるとしても、必ずその銘柄がトレード方向に動いている場合に限ります。大きな動きを狙ってトレードをしているのであれば、二～三セント早く仕掛けても、たとえ一〇セント早くても大して得にはなりません。だから、そうする意味はありません。

ライアン　私は横ばい圏を上にブレイクするまで待ちます。株価がまだベース内にあるときに買えば、下にブレイクするリスクを冒すことになります。私は上にブレイクするまで待つほうが良いと思います。早く買っても、実際に上にブレイクするかどうか分かりません。何か悪いニュースが出るか相場全般が下げると、含み損を抱えることになります。

ザンガー　私は、九割はブレイクアウトをするまで待ちます。出来高が枯れて保ち合い相場が続いているように見えても、いつ格下げされて一〇～二〇ドル下げるか分からないし、会社が業績予想を下方修正して、株価はハエがたたかれたように急落して、二度と上昇しないかもしれません。ブレイクアウトによってガソリンが満タンか空かが明らかになる「最後の審判」まで待つほうが、いつでも最も良いと思います。動かない銘柄にお金を入れておく意味はありません。あれこれ推測するのはやめて、実際に上にブレイクしている銘柄を買うべきです。

リッチー二世　私が保有銘柄を買い増すときには、保ち合いか横ばいの動きが終わりかけているときだけです。繰り返しになりますが、私は値動きで確認したいので、保ち合い圏を上放れているときに買い増したいのです。どちらの手法でもうまくいく可能性はあるので、これは実は私の性格によるものです。私は高値に向けてブレイクしたというシグナルが点灯する前に、保ち合い圏で上げているときに少し買うことがよくあります。そしてブレイクアウト水準ではさらに買い増すこともあります。

質問4の11　出来高が薄いままに、新高値を更新し続けている銘柄をどう評価しますか？

ミネルヴィニ　需要が少ないのです。でも、私は出来高を伴わずに上げているというだけでは売りません。出来高が薄いままに、かなりの上昇をすることはときどきありますから。

ライアン　一般的には、株価が上げているときに出来高が増えて、株価が下げているときに出来高が減るのが望ましいです。株価を大きく動かすのは機関投資家による売買で、彼らは大量に買う必要があるときにはその事実を隠せないからです。焦点を合わせるべき最も重要な点は、カギとなるところで出来高がどういう変化をしているかです。例えば、新高値へのブレイクアウトやベースから下へのブレイク、それに前の安値を割っているときの出来高の増減でさえカギとなります。

ある銘柄がベースを上放れているときには、直近五〇日の平均出来高よりも何倍にも増えているものを好みます。また、少なくとも三日は出来高が増えたままであってほしい。それは大手機関投資家やヘッジファンドも買っていることを示すからです。ある日に株価が出来高を伴ってブレイクアウトして、新高値を付けたのに、あとが続かないのであれば、それは新高値に向けて買ったトレーダーが多かっただけだということを示しています。

その銘柄がブレイクアウト後も数日間は良い動きをしたあとでなら、出来高が一日の平均出来高に戻るかそれ以下であっても問題ありません。それはロケットの発射に似ています。発射台から飛び出すには多くの燃料が必要ですが、いったん軌道に乗れば、上昇し続けるのにそれほどの出来高は必要ありません。

ザンガー　いつの時代でも、最も良い動きをする銘柄の多くはブレイクアウトのときに出来高が急増しています。そして、その上昇で買い手がいなくなり始めるまでに三～四カ月かかることもあります。出来高を伴わずに新高値を付けるのは、不自然な動きではありません。その場合には、情報を早く手にした人々が浮動株の大半をすでに買っているのです。

パーティーに遅れてきた人々はわずかでも残っている株を買います。しかし、このころには株価が上げ始めて通常、三～八カ月たっていて、早いうちに買った人々は利食いの準備ができています。この段階の売りは速く、初期に買った機関投資家が売り始めるので、パーティーに遅れてきた人々は大損をします。

リッチー二世　私は出来高を値動きと結びつけて見ます。例えば、出来高が急増してブレイクアウトしたのに、終値はわずかに上げただけであれば、新たに付けたそれらの高値での買い手と売り手の圧力がほぼ同じだったと分かります。その場合、ブレイクアウトはおそらくダマシで終わるでしょう。出来高を伴わずに高値を切り上げている銘柄でも悪くありません。結局、私にとっては価格が最も重要なのです。もっとも、出来高が少ないと感じたら、大きく上げてもその状況で持ち続けようとはあまり考えないかもしれません。

質問４の12　ある銘柄が前日の値幅内で寄り付いたあと、自分の買いの水準を超えたけれども、大引けでの一日の出来高は平均か平均以下だとします。その場合、それは警戒シグナルになりますか？

ミネルヴィニ　必ずしもそうとは言えません。上にブレイクしたけれども出来高は少なかった、というだけでその銘柄を売ることはありません。出来高は翌日か数日後に増えることもありますす。ですから、そういう場合にはその銘柄が出来高を伴って上げ続けるかどうかを確かめるでしょう。一方、少ない出来高でブレイクアウトしたあと、出来高を伴って下げたら、私はだいたい売るか、少なくともポジションを減らします。

ライアン　私は大引けまで待って、出来高がどの程度かを確かめてから判断するかもしれません。理想的には、出来高を確かめたいのです。出来高は多いほど、また長く続くほど良いのです。

ザンガー　出来高が株価を動かすのですから、ブレイクアウトをした日が通常よりも出来高が少ないのであれば、私は買わないでしょう。

リッチー二世　いいえ、ある銘柄が私の買いの水準を超えたけれども、その後はほとんど上げないか、上げても出来高が少ないのであれば、様子を見る以外に何かをすることはありません。この時点では、値動きはいわば未知数で、何かを肯定も否定もしていません。そして、相場もしばしば同様の動きをします。

質問４の13　ある銘柄が午前の早いうちから動き始めたけれども、出来高の情報はまだ少ないというときに、出来高をどうやって判断しますか？

ミネルヴィニ　日中の出来高はそれまでの数字から推測します。一日の平均出来高が五〇万株の銘柄が、午前一〇時三〇分にすでに一七万五〇〇〇株に達していたら、その日の出来高は一〇〇万株くらいに相当します。その状況でなら、私は買います。そして大引け後の数字を見て、その後も出来高に勢いがあり、上げ始めたときと同じ水準を保っているかを確認します。

ライアン　ベースが完璧ならば、私はまず小さくポジションを取って、出来高が大引けまでに増えるかどうか様子を見るかもしれません。出来高が多ければ、投資信託やヘッジファンドも買っていることを示すので、それを確かめたいのです。最近はあまりにも多くの銘柄が出来高を伴わずに一日だけ上にブレイクしたあと、再びベースまで下げます。

ザンガー　私は銘柄ごとに過去の出来高比率が分かるツールを持っています。その比率が通常の値よりもはるかに大きければ、買い始めます。その値が大きいほど、自信を持って買えます。大引けまでに、最近の出来高よりも五〇％以上増えているべきです。そうならなかったら、そのトレードがうまくいくか疑わしくなるでしょう。イー・シグナルのほとんどの更新プログラムでは、私の出来高比率のツールであるザンガー・ボリューム・レシオ（ＺＶＲ）が提供されています。

リッチー二世　日中の出来高から一日の出来高を正確に予測できる科学などありません。それでも、簡単な計算でかなりの推測はできます。例えば、最初の一時間で一日平均出来高の五〇％に達したら、その日の出来高は平均を大幅に上回ると仮定しても問題ないでしょう。ただし、その出来高がいつまで続くかはけっして分かりません。また、寄り付きと大引けの出来高がいつでも最大になります。午前の早いうちでももっと重要なことは、その銘柄が本格的に買われているかどうかを確かめることです。例えば、早いうちにブレイクアウトしたら、売り気配値が次々に食われているか確かめたほうがいいです。そうなっていれば、だれかが買えるだけ買っている証拠です。

質問4の14　ブレイクアウトしたときに出来高が大幅に増えていなくても、あとで増えることを期待して買いますか？

ミネルヴィニ　まあ、その銘柄が朝早くから上げ始めたら、買う前にその日の最終的な出来高が最低基準を満たすかどうかは、必ずしも分かりません。推測はできますが、それでも、朝方は出来高が少なく、買ったあとになって増えることもあります。私は通常、値動きで買って出来高で確かめます。私の思惑どおりに進展しなければ、いつでも売ればいいだけです。

ライアン　前の繰り返しになりますが、ファンダメンタルズが非常に良くて、ベースが適切であれば、まず小さくポジションを取り、出来高も株価も続伸すれば買い増します。

ザンガー　私が買っているときには、出来高が急増していなければなりません。そして、大引けでの出来高比率も大幅に増えている必要があります。そうでなかったら、私は手仕舞います。極めて単純です。出来高が最低では、多くの株数を売買しようがないからです。

リッチー二世　もちろん、買います。もし早く買うことができたなら、出来高はまだ多くないはずです。私はそのトレードの展開を喜んで見守り、翌日以降に出来高が支えとなるかどうかを確かめます。

質問4の15　出来高が増えるまで待って買うのではなく、大引けで決まる出来高を確認しないうちに買うのはなぜですか？

ミネルヴィニ　その動きをとらえ損なう可能性があるからです。多くの銘柄は上げ始めるときはゆっくりですが、いったん上げたあとは上げ足を速めるのです。

ライアン　ええ、マークの言うとおりですね。株価が買い場を上に抜けるときには出来高が非常に少なく、当日の後半か翌日になって出来高が増えますが、そのころには上げすぎているという展開になることもあります。ですから、私は買うでしょう。でも、取るポジションは抑えて、出来高が増えるまで買い増しはしません。

ザンガー　出来高が朝早くから急増し始めて、株価が買いの水準を上に抜けたら、私は買います。大引けには、出来高が増えているはずです。大引けで出来高が増えていると確認できるまで待って仕掛けていたら、一〇ドル上げて、買いの水準を大幅に超えている可能性もあります。

リッチー二世　出来高で確証が得られるまで待つことはけっしてありません。もちろん、大引けでは確認しますし、そこで出来高が増えていると分かれば、その後に買い増すかもしれません。しかし、日中に出来高が増えるまで待つことはありません。

質問4の16　買ってX日後に株価は上げているのに、出来高は細っているという場合には、手仕舞うことを考えますか（つまり、タイムストップを置きますか）？

ミネルヴィニ　上げていて、かなりの含み益があるのなら、たとえ出来高が少なくても、たぶんそのまま持っているでしょう。ただし、注意深く見守り、株価が下落し始めたら、いつもよりも素早く売る可能性が高いです。

ライアン　含み益はあるが、出来高は私の望む水準に達していない場合には、損切りの逆指値を損益分岐点まで引き上げて、様子を見ます。

ザンガー　出来高と株価の動きについては、ベースを上放れてから最初の二日が最も重要です。

そこを過ぎたら、保有し続けるかどうかは、出来高が減って株価が上げたあと、出来高がどこまで落ち込んだかによります。私は最初の二日が過ぎたら、時間は関係なく、出来高と株価の動きにだけ反応しますから、タイムストップのようなことを事前に考えることはありません。

リッチー二世　私は株価を最も重視しているので、たとえ出来高が不十分でも株価が上げているか持ちこたえていれば、そのトレードを続けます。

質問４の17　ブレイクアウトする日の出来高について何か条件を設定していますか？　例えば、出来高がX日間の平均よりも多いとか、X％増えているなどです。

ミネルヴィニ　私は出来高がその五〇日移動平均線を超えるか確かめたいです。五〇日移動平均を五〇％上回るかどうかを条件にする人もいますね。出来高は多いほど良いです。

ライアン　ええ、多いほど良いですね。私は出来高が少なくとも二五％増えていることを条件にしていますが、一〇〇～二〇〇％増えていれば、大手機関投資家も積極的に買っていると私は判断します。

ザンガー　経験則では、大引けまでに出来高がその銘柄の過去二〇日か三〇日の平均よりも五〇％以上増えているかどうかを確かめるのが良いです。私自身は現在、過去二〇日の平均を使っています。

リッチー二世　私は厳しいルールを設けていません。しかし、理想的には出来高が少なくとも平均以上であってほしいです。

質問４の18　ブレイクアウト後まもなく、その水準かその少し下まで下げた場合、どの程度まで我慢しますか？

ミネルヴィニ　ブレイクアウト後にその水準まで下落するのはよくあることで、その水準を下回ることすら珍しくありません。最も良い銘柄ですら、二回に一回ぐらいはあることです。もちろん、数日は上げ続けて、すぐに含み益になるほうがいいです。ブレイクアウト直後に最も強い銘柄が、結局は最も上昇することが多いからです。それでも、最初に置いた損切りの逆指値に引っかからないかぎり、私は通常、そのトレードを続けます。そして、いったんかなり上げたら、損切りの逆指値をしばしば損益分岐点まで引き上げます。そのときまでは、私が正しいのか間違っているのか分かるまで待ちます。

ライアン　ベースまで押したときに出来高が非常に多いのでなければ、五〜八％の損失までは許容します。ブレイクアウト後、すぐにベースまで下げる場合はけっして好ましいとは思いません。それは強い銘柄の動きではありません。私はブレイクアウト後、少なくとも三日は出来高が増えたままでいてほしい。それが、大手機関投資家が買っていることを示すからです。

ザンガー　私は売ります。それがまさしく、その状況での私の対処法です。出走ゲートが開いたあと、勝つ競走馬がそこに戻ることはけっしてありません。大勝できる銘柄でも同じことです。

リッチー二世　ブレイクアウト水準までの押しはごく普通にあることなので、損切りの水準を割らないかぎり手仕舞いはしません。ブレイクアウト水準へはよく押すので、私はそれを普通の値動きと考えています。

質問4の19　通常のトレードで使っているセットアップやチャートパターンはいくつぐらいありますか？

ミネルヴィニ　六から八ぐらいですかね。でも、ほとんどは私の基本的なブレイクアウトと押しでの買いのテクニックの変形です。私が主に探すのはＶＣＰ（ボラティリティ収縮）のパターンです。これは保ち合い期間に、チャートの左から右にボラティリティが低下していくパターンです。

ライアン　私は基本的に、ブレイクアウトと押しの二つに単純化します。さまざまなチャートパターンに惑わされてはいけません。実は、カップ・アンド・ハンドルやソーサー、「Ｗ」フォーメーションなどを探す必要はありません。その銘柄の値動きのほとんどで付けた天井に水平線を引きさえすればいいのです。そして、その線を上に抜けたら買うのです。実に単純です。私はいつでも、株価が新高値に向けてブレイクする前に、非常に狭い範囲を横ばいするパターンがあるかを確かめておきたいのです。押し目買いはもう少し複雑ですが、先導株に乗るもう一つの仕掛けポイントです。

ザンガー　まあ、私はすべてを数えたことはないですが、八つくらいですかね。大部分はフラットチャネルか強気フラッグで、ときどき二～三のカップ・アンド・ハンドルのパターンです。下降チャネルも使えますが、本当に上にブレイクするときに、通常はダマシのブレイクアウトが頻繁に起きて、振るい落としに遭います。

リッチー二世　私は同じ全体テーマ――長期の上昇トレンド途上で保ち合い圏が形成されたあと、そこを上放れる銘柄――のなかで、おそらく四つか五つの異なる変化形を利用しています。変化形は、保ち合い期間の違い、ピボットポイントか抵抗ポイントの異なるパターン、出来高の動き方、株価が新高値にどれくらい近いかなどです。

第5章　ファンダメンタルズ

質問5の1　適切な銘柄を探す際に、ファンダメンタルズをチェックしたあとにチャートを見ますか、それとも逆ですか？

ミネルヴィニ　私は最初にチャートと長期のトレンドを見ます。その銘柄のチャートが悪くて下降トレンドであれば、たとえファンダメンタルズが良くても、私は買いません。

ライアン　私はかなりチャートに頼っています。適切なセットアップを探して、だいたい毎週、何千社ではないにしても何百社かのチャートを見ます。チャート上に探しているものが見つかれば、ファンダメンタルズを調べて、それが強いかどうかを確かめます。私はファンダメンタルズ面もテクニカル面も上昇トレンドにある銘柄を選びます。良いチャートというだけで買うよりも、ファンダメンタルズも良い銘柄を保有しているほうがずっと自信を持っていられますから。銘柄はいくらでもあるのですから、最も優れた特徴を持つものに投資したほうがいいです。ファンダメンタルズが素晴らしいという話を聞いたら、私は必ずその会社のチャートにそれが現れているかを確かめます。

ザンガー　私は最も利益を得た銘柄をチャートパターンで見つけたので、まずチャートを見ます。ファンダメンタルズが素晴らしければ、利益も売上高も大きく伸びているはずです。そして、それほどファンダメンタルズが良ければ、ある時点でチャートに反映されて、非常に良いパターンとなって現れるはずです。

リッチー二世　私はまず、必ずチャートを見ます。その銘柄が基本的なテクニカルの基準を満たしていなければ、ファンダメンタルズがどんなに良くても買おうとは思わないからです。

質問5の2　買う前に、その銘柄のファンダメンタルズや記事、チャートなどを調べるのに通常はどれくらいの時間を費やしますか？

ミネルヴィニ　まだよく知らない銘柄であれば、決算の数字や最近の記事、同業種のほかの会社を必要なだけ時間をかけて調べます。でも、多くの銘柄はすでに知っていて、フォローしている銘柄なので、決算発表を確認しながら、テクニカル面でいつ仕掛けポイントが形成されるかを見守るだけですね。

ライアン　私は決算発表ごとの詳細にはこだわらずに、ファンダメンタルズの全体像を見るので、判断に数分しかかからないこともあります。でも、通常はファンダメンタルズを検討して、カンファレンスコール（決算報告電話会議）を聞き、会社のウェブサイトを調べるのに数時間かけるほうが、うまくいきます。

ザンガー　実は、あまり時間はかけません。ファンダメンタルズの調査に多くの時間をかけていたこともあります。でも、時間をかけすぎると、それだけ調べたのだから、その銘柄を信じたいと思う自分に気づいたのです。それは一九九〇年代半ばに買っていた銘柄の会社が予想外にも破綻するという目に二度遭い、私はあやうく破産しかけたからで、それ以降は時間をかけて調べるのはやめにしました。

今、重視するのは値動きだけです。どの銘柄を保有し、どの銘柄を避けるべきかは相場で判断します。それで私のリサーチの八〇％になります。残りの二〇％は、相場の動きが最も良い銘柄の利益の確認です。通常は利益も売上高も非常に良くて、チャートで目を引いた値動きに見合っています。

リッチー二世　これはその銘柄のテクニカルがどれくらい良いと私が考えているかによります。私は常に会社の予備調査をします。何をしている会社でどのセクターなのか、利益と売上高はどうかなどです。ですが、必ずしも詳しくは調べません。

質問5の3　どんなニュースソースやリサーチを使っていますか？　また、記事を自分のトレードにどう生かしますか？

ミネルヴィニ　私は外からの影響を最低限に抑えて、トレード環境をできるだけ「真空パック」にしようと心がけています。つまり、外から聞こえてくる相場観は受け入れずに、事実に基づくデータだけを使うという意味です。私が売買の判断をするために必要なものは、すべて自分の内側から生じるのです。定期購読をしているニュースサービスはたくさんありますが、利益や売上高、粗利益率のデータ以外はめったに使いません。ですから、ヤフーファイナンスかブリーフィング・ドット・コムでも間に合います。

ライアン　インベスターズ・ビジネス・デイリーが私の第一の情報源です。紙面全体が市場で最も良い成長株を見つけることを意図して作られているからです。また、社説のページも読みます。ニュースについて、ほかのニュースソースではまずない非常に保守的な見通しが書かれているからです。この社説は極めて保守的なので、ウォール・ストリート・ジャーナルが社会主義的に見えるほどです！

私はウォール・ストリート・ジャーナルとロサンゼルス・タイムズも読みます。目を通すもうひとつの情報源はオンラインで絶えずニュースを流しているブリーフィング・ドット・コムです。私は自分のポジションを変更するか完全に手仕舞うための追加情報として、ニュースを利用します。また、ニュースにざっと目を通すと、投資についてさらにアイデアが得られることもあります。

ザンガー　私はスマートフォンで読めるニュースのうちで、ダウ・ジョーンズやヤフーファイナンス、それにときどきアメリトレードを利用しています。見るのは当日の格上げや格下げとニュースですが、最も重要なのは、保有銘柄がニュースにどう反応しているかの確認です。良いニュースが出たのに、その銘柄が動かなければ、おそらくポジションを減らすときでしょう。

リッチー二世　私はたいてい、マーケットウオッチ・ドット・コム、ヤフーファイナンス、ザックス・ドット・コム、CNBC・ドット・コムなど、インターネットで配信されているマーケットニュースを組み合わせて利用しています。私はオフィスでは金融関連のテレビは見ません。これは自分のルールにしています。私はたいてい、決算発表の日程や結果、その他の見出しなど、株式関連の情報を得るために通信社を利用しています。ときどき、市場全般のセンチメントについて、メディアの一部から感触をつかむことがあります。

質問5の4　平均して毎日、何銘柄を調査するか見直すかしますか？

ミネルヴィニ　私は毎日、何百ものチャートを見ますが、個別企業のファンダメンタルズとニュースまでとなると、おそらく一日に数銘柄でしょう。フォローしている銘柄の多くはたいていすでに知っているので、適切な買い場が形成されるころには、すでにその銘柄の業績動向をつかんでいます。もちろん、新しい銘柄が思いがけなく現れることもあり、そのときには大急ぎで予備知識を得ないといけません。

ライアン　それは相場次第です。セットアップを整え始めている銘柄がたくさんあれば、非常に忙しくなることもあります。私は通常、少なくとも一日に一銘柄は調べるように努力しています。

ザンガー　市場が開いている日には、一日に約三〇〇～四〇〇銘柄のチャートを確認します。

決算発表が集中する週はできるだけ多くの先導株の決算を調べるようにしています。その週はたいてい、平日で一日に一四時間、週末に五～七時間かけます。

リッチー二世　私はたぶん三〇〇～五〇〇銘柄のチャートを見直して、五～一〇銘柄ぐらいは何をしている会社で、ファンダメンタルズはどうなのかをさらに詳しく調べます。

質問5の5　株価は何十年も前と同じファンダメンタルズの力で動いていると信じていますか？

ミネルヴィニ　もちろんです！　それは信念ではなく、事実です。一九三〇年代のコカ・コーラ（KO）は例えば二〇〇〇年代のモンスター・ベバレッジ（MNST）に非常に似ていました。当時のコカ・コーラは急成長していた小企業であり、利益は巨額でチャートは見事なパターンを形成していました。しかしその当時、この会社について知っている人はごくわずかでした。一九八〇年代のウォルマート（WMT）は一日に五万株も取引されていない小さな会社でした。創設者のサム・ウォルトンは店頭で木箱の上に立ってお客を迎えていたのです。現在では、一日に七〇〇万株取引され、1四半期の売上高は一〇〇〇億ドルを上回っています。売上高の成長によって利益が伸びているときに、株価は大きく上昇するのです。これまで常にそうでしたし、今後もそれは変わりません。

ライアン　信じています。大切なのは増益か増益予想です。それはけっして変わりません。だれでも価値が上がっている会社の一部を所有したいと思います。そして、それは増益によってもたらされるのです。

ザンガー　金利やFRB（連邦準備制度理事会）による流動性供給が変わると株価が動くように、今でも利益の変動で株価は動きます。それは今後も変わりません。

リッチー二世　私には長年のトレード経験がないので、これに答えるのは難しいですが、株価は短期的には実態に基づいて動くとは思いません。しかし、長期的に株価が大きく上げるとしたら、その力は結局はファンダメンタルズにあると思います。利益と売上高が伸び続けなければ、株価の大幅上昇も続かないのです。

質問5の6　空売りをするときに、ファンダメンタルズで基準にするのは何ですか？

ミネルヴィニ　利益の伸びに勢いがなくなれば、株価が天井を付ける兆候かもしれません。決算発表で株価が大きく下げて、テクニカル面でその銘柄が第三ステージの天井圏か、もっと良いのは第四ステージの下落局面であれば、私はその後の自律反発の戻りで空売りをすることがときどきあります。

ライアン　空売りをするときには、その銘柄のテクニカル面を非常に重視します。空売りで最も利益が得られる銘柄の多くは、ファンダメンタルズが実際に変わるずっと前に、テクニカル面で天井の特徴が現れます。次の決算発表よりも前に株価が五〇％下げた銘柄を、私は見たことがあります。ある銘柄の天井圏が三カ月以上も続いたら、売上高と利益の伸びが落ちていると判断すべきです。

ザンガー　私は空売りをあまりしませんが、空売りのカギは増益率の落ち込みです。私は空売りで大きな利益を上げたこともあります。二〇〇四年に極めて巨額の空売りをしたときには、イーベイ（ＥＢＡＹ）を一六万株売りました。現在の株価で一〇五ドルだった一月に、利益は予想に届かず、会社は業績予想を引き下げました。利益が予想を下回ったことが分かった途端に、株価は二〇ドルもギャップを空けて下げ、その後も二～三週間、急落が続きました。

利益の伸びはすでに落ちていて、株価は一二〇ドル辺りの高値圏で形成されていたチャネルをかなりの出来高を伴って下にブレイクしていました。そして、一〇五ドル辺りで一〇〇日移動平均線に接して、投げ売りで出来高が膨らむなか、値を戻そうとしました。少し上げたあと、決算発表の二～三日前に再び急落し始めました。私はそれ以前も以降も、決算発表前にこれほどの出来高を伴って、ここまで急激に下げた銘柄を知りません。私が空売りで最大の利益を得たのはこのときです。それは一銘柄で得られた一日で最大の利益でもありました。

注意しておきたいのですが、決算発表前から発表後まで株を保有し続けたことは二～三回しかなく、そのいずれでも空売りをしていたときで、非常に幸運でした。買いでも空売りでも、私が決算発表前後を通じて株を持ち続けたのは一〇年以上前の話です。

リッチーニ世　私は空売りでは、ファンダメンタルズのデータはテクニカル面ほど見ません。どちらの方法であれ、私はめったに空売りをしません。しかし、それまで利益が急成長していたのに、利益と売上高が低迷するか落ち始めたら、注目し始めるのに良い時期です。それでも、その基準だけでは、けっして空売りをしません。空売りをするには、テクニカル面の裏づけも必要です。

質問5の7　利益成長の勢いをどうやって測りますか？

ミネルヴィニ　私が利益について探すことはいくつかあります。まず、最近までの四半期利益が、前年比で4四半期連続で伸びている銘柄を探します。また、利益が過去数年の変動範囲を突然に超えたら、それがもうひとつの良い兆候です。さらに、増益率が前よりも大きくなり始めたら、それにも注目します。

ライアン　私は四半期利益を見ますが、前年同期比よりも良いかだけでなく、過去2～3四半期の増益率が上がっているかも見ます。私は利益が本当に劇的に伸びているか知りたいのです。現在の良い例はアンバレラ（AMBA）です。過去4四半期の利益率は、一九％から四二％、八四％、そして今四半期の一六二％へと伸びています。また、売上高も同時に伸びています。それが私の見たい利益成長の勢いです。

ザンガー　私は前年同期比の増益率を見ます。大部分のモメンタムトレーダーも同じことをしています。各四半期の増益率は、前四半期比でも前年同期比でも上がっている必要があります。もちろん、多くのモメンタムトレーダーは三〇～四〇％以上の伸びを求めています。伸びが大きいほど、大物が釣れる可能性も高くなるからです。

リッチー二世　私は機械的には測りませんが、利益が急成長しているかは確かめたいです。それによって、その会社で株価を大幅に押し上げ続けられるほどの何かが本当に起きていると分かるからです。

質問5の8　売上高の伸びは大きいか加速している必要がありますか？

ミネルヴィニ　利益も売上高も伸び率が大きくなっていれば素晴らしいです。でも、前にも述べたように、人生は完璧ではないので、常に両方が得られるとは限りません。ただし、利益はかなり伸びているのに、売上高は落ちているのであれば、増益は長く続かないと警告しておきます。利益が伸び続けるためには、どこかで売上高が伸びる必要があります。「生産性の向上」という言葉を聞いたことがあると思いますが、それだけで会社の利益を長期にわたって伸ばし続けることは不可能です。いつかは売上高の成長が必要になります。

ライアン　ほとんどの場合、売上高と利益は同時に加速するものです。売上高が伸びていないのに、利益を長期間伸ばし続けることはできません。ミネルヴィニのコメントを補足すると、企業が生産性向上のためにできることはせいぜい経費削減だけなのです。

ザンガー　私には増収よりも増益のほうがはるかに理解しやすいです。利益も売上高も大きく伸びていれば、株価が上昇することは証明済みです。ですが、アマゾン・ドット・コム（AM

ZN）やセールズフォース・ドット・コム（CRM）のように、売上高だけが伸びている銘柄の価値を計算するのは難しいです。私は通常、そうした銘柄は他人に任せます。また、ITバブルの時期に急騰した銘柄のほとんどが、売上高は大きく伸びていたものの、利益はわずかかまったくなく、PER（株価収益率）は一〇〇〇倍を超えていたことを、私は忘れません。もちろん、今となってはそれらの会社のほとんどが倒産して消滅したことをみんな知っています。

リッチー二世　私のトレードでは売上高の加速は必要ではありませんが、確かにあったほうが良いですね。

質問5の9　銘柄分析をするときに利益率かROE（自己資本利益率）を利用しますか？

ミネルヴィニ　利用します。私は利益率が伸びているか知りたいのです。利益は伸びていないのに売上高が落ちているせいで、利益率が良くなっている銘柄もときどきあります。しかし、前に言ったように、売上高を伸ばさずに、利益を長期間伸ばし続けることはできません。ROEは同じ業種の銘柄同士を比較するために使うものです。一般的に、良い銘柄はROEが一五～一七％以上あります。

ライアン　それらは見るべき重要な数字であり、会社の収益力を詳しく調べるときに注意するものでもあります。

ザンガー　私は利益率を見ることはありますが、ＲＯＥはまったく見ません。それがどういう状態かは相場が知っているし、私は各銘柄の動きに導かれて勝ち株を見つけているので、どちらにもほとんど注意を払いません。

リッチー二世　ＲＯＥはまったく見ません。利益率は見ますし、それが伸びていることを望みますが、特に重要な指標ではありません。利益率が伸びるのは良いことですが、利益と株価を本当に上げるためには、何を生産していようと、いずれかの時点でそれらの売り上げを増やすしかありません。

質問5の10　モメンタム銘柄は、急成長をしていて高ＰＥＲであることが多いです。低ＰＥＲのモメンタム銘柄を見つけることはありますか？

ミネルヴィニ　私はＰＥＲにはめったに関心を持ちません。実は、私はＰＥＲが非常に低い銘柄よりも、比較的高い銘柄のほうに投資します。ＰＥＲが高ければ、少なくとも何かが起きていて、需要があると分かります。ＰＥＲが極端に低いまま取引されている銘柄は、何かが非常におかしいという兆候かもしれません。もちろん、ＰＥＲが非常に高い銘柄のトレードでは、判断を誤る余地はほとんど残されていないので、状況が悪くなり始めたらすぐに手仕舞うことが大切です。

ライアン　低ＰＥＲのモメンタム銘柄はあまり見かけません。そういう銘柄は、成長が遅かった会社が突然に利益を途方もなく伸ばしていることが多く、市場がそれにちょうど気づき始めたのです。

ザンガー　あまりないです。でも、私の二五年のトレード歴では、勢いよく株価が上げた銘柄がいくつかありました。例えば、アップル（ＡＡＰＬ）はＰＥＲが二〇倍を一度も超えなかった時期に四〇〇ドルぐらい上げたことがあります。一九九〇年代初期の半導体銘柄のように、ある業種の銘柄全体でＰＥＲが低い時期がありました、その後、それらはＰＥＲが一〇～二〇倍から四〇～六〇倍に上がり、もっと上がる銘柄も出始めました。ＩＴブームが過熱する一九九〇年代後半に近づくにつれて、コンピューターをインターネットに接続する需要が急激に高まったため、ＰＥＲはさらに上がりました。そのため、その業種の銘柄はすべて歴史的な高値を付けて、半導体銘柄のいくつかのＰＥＲは一〇〇倍を大きく超えるものもありました。しかし、一般にはPERが低い銘柄（八～二〇倍）は通常、低いままで、株価の動きも緩やかです。

リッチー二世　私はPERはまったく見ないので、言えることは何もありません。

質問5の11　今四半期が増益であることと長期の増益率が高いことでは、どちらが重要ですか？　仕掛けるときには、両方とも必要ですか、それともどちらも必要ないですか？

ミネルヴィニ　私が長期の増益率に関心を持つのは、増益率が過去の数字よりも高くなっているかを知るために、今期の利益と比べるときだけです。将来の利益の伸びについては、会社の長期の利益がどれくらい伸びるかはCEO（最高経営責任者）でさえ分かりませんし、過去の増益率は単にバックミラーをのぞいているにすぎません。現在の四半期の増益率に焦点を合わせるべきです。良い銘柄のほとんどは、前の四半期よりも増益率が上がっています。

ライアン　現在の四半期の利益が伸びていて、長期の増益率も高いのが最も良い状況です。ですが、私は四半期利益率の伸びのほうを重視します。そうすれば、状況が好転し始めている銘柄も含まれるからです。

ザンガー　私が大きな利益を得た銘柄のほとんどは、現在の四半期でも過去3～4四半期でも利益が非常に大きく伸びている会社でした。

リッチー二世　私にはどちらも必要ありませんが、過去3～4四半期の利益と年ベースの利益の変動傾向は見ます。それで、過去数四半期の利益が大きくて、過去四～五年よりもその年の利益のほうが上回るペースで伸びていれば、非常に良い兆候と受け取ります。

第6章　株式市場全般

質問6の1　今、使っているトレード手法は株価指数にも適用できますか、それとも個別銘柄でしか使えませんか？

ミネルヴィニ　私は個別銘柄のトレードをします。なぜなら株価指数に対するレバレッジを享受できるからです。ナスダックが一〇％上げたら、同じ期間に先導株はその五～一〇倍上げる可能性があるのです。

ライアン　これらの手法は株価指数やＥＴＦ（上場投資信託）にも適用できますが、私は主に個別銘柄に焦点を合わせています。

ザンガー　チャートパターンと出来高を利用するトレードは、株から商品、株価指数、通貨に至るあらゆる取引に利用できます。

リッチー二世　確かに同じ原理をある程度は当てはめることができます。ただし、株価指数は個別銘柄よりもはるかに効率的に価格が決まり、ノイズが多いものです。それで、ちゃぶつきや突飛な価格変動がはるかに生じやすく、無駄に時間をつぶすことになりかねません。私は自分が非常に強気になっていて、まだ十分に投資していないと感じているときに、株価指数でかなりのポジションを取ることがときどきあります。もっとも、これは非常に低リスクの買い場で、ごく近いところに損切りの逆指値を置ける場合に限ります。しかし、通常は個別株のトレードを好んでいます。相場が本当に堅調であれば、本当に良い銘柄を一つ保有しておくだけでも、株価指数をトレードするよりもずっと良いからです。

質問6の2　市場全般の動きを自分のトレードの指標にして、タイミングを計ろうとしますか？　観察している市場の尺度か指標はありますか？

ミネルヴィニ　あまりありません。私は相場の転換点近くで仕掛けと手仕舞いをかなりうまく行える一般市場リスクモデルを持っていますが、私の主な関心は個別銘柄です。トレードしたい銘柄がなければ、指標やモデルが何を伝えていようと、あまり重要ではありません。

ライアン　私は相場のタイミングを計るために二〜三の指標を使っていますが、市場全般の動きに影響されて、個別銘柄に弱気や強気になりすぎないように注意する必要があります。株価指数で売りシグナルが点灯しても、保有している銘柄が持ちこたえているのなら、売るべきではありません。「いらないものと一緒に、大事なものを捨てるな」という言葉をおそらく聞いたことがあるでしょう。市場全般は見ていたほうがいいのですが、それらの指標が一時的に下降トレンドを示したからと言って、持ち株をすべて売るべきではありません。

ザンガー　チャートと先導株、それにそれらがどう動くか以外に魔法の指標はありません。チャートパターンと値動きが私にとっては何よりも大切です。

リッチー二世　騰落ライン、新高値・新安値指標、主要株価指数の出来高、センチメントなど、私が見ている市場全般の指標があります。しかし、どれもタイミングを計る指標としてではなく、補助的な指標として使っています。私は通常、株価指数を買うことはまったくありません。売ることはときどきありますが、一つの指標だけで売ることはありません。私のトレードと私が監視している銘柄全体を合わせて、私が見守る主要指標を作っています。その指標は市場全般の動きとの相関が非常に強いときもあれば、まったく異なるときもあります。

質問6の3　市場全般の売りシグナルが新しく点灯したとき、どの銘柄を売るかをどうやって選ぶのですか？

ミネルヴィニ　どの銘柄を売るべきかは、銘柄の動きに任せます。これは損切りの逆指値に引っかかるか、その銘柄にかなりの含み益があるかのどちらかで生じます。後者の場合には、相場が押したときに含み益のほとんどが確保できるように、逆指値を株価のすぐ下まで引き上げます。私がトレードを始めたら、どちらか一方が起きるまで待ちます。

株のトレードとは、その後の値動きを予想して、それが正しいか間違っているかが分かるまで待つことです。ある銘柄を買っているときに市場が弱気になったとしても、私は通常、逆指値に引っかかるまで待ちます。私は通常、自分の相場観で保有銘柄すべてを売ったりはしません。私は単に損切りの逆指値を近くまで引き上げて、値動きによってポジションが一つずつ手仕舞われるのに任せるだけです。何銘柄かが損切りの逆指値に引っかからないことはよくあり、相場の調整前から持っている銘柄が調整後まで持ちこたえることさえあります。

ライアン　含み損がある銘柄を最初に手仕舞います。買ったあと、それらのパフォーマンスが良くなかったのなら、おそらく市況が悪化したときに良い動きをすることはないでしょう。市場全般が下落し始めたら、最も弱い銘柄から最も強い銘柄へと並べて、順番に売るかポジションを減らします。私は最も良い銘柄はできるかぎり保有し続けたいのです。市場の下落局面のほとんどで持ちこたえて、次の上昇トレンドが始まったときにさらに上げ続けるかもしれないからです。

ザンガー　市場で新しく売りシグナルが点灯したら、私はすぐにすべてを売ります。どんなに良い銘柄でも同じです。売るのに、どうして下げるまで待つ必要があるのでしょうか。市場の下げに引きずられて急落する前に、すぐに売るべきです。

リッチー二世　私は市場の売買シグナルでトレードをしません。持ち株が損切りの逆指値水準に達したら、売るだけです。

質問6の4　市況が悪化したとき、わずかでも含み益がある銘柄は利食いしようとしますか、それとも損益ゼロのところに逆指値を置きますか、あるいは最初に置いた損切りの逆指値は動かさないでおきますか？

ミネルヴィニ　市場が本当におかしいと感じたら通常、わずかな含み益がある銘柄は逆指値を損益ゼロの水準に動かし、大きな含み益がある銘柄は利益を守るための逆指値を置きます。ただし、最初のいわゆる「自然な反応」（押し）では引っかからないようにしておきます。問題が生じた銘柄か大きく上げた銘柄は、すぐに売るかもしれません。そうは言っても、それには主観的な判断でうまくバランスを取る必要があります。だからこそ、トレードは一種のアートなのです。

ライアン　市場が下降トレンドに入ったと感じたら、含み益が少ない銘柄は利食いしてそのポジションを手仕舞います。市場が下げたときに私のポートフォリオで最初に手仕舞うのは含み損がある銘柄で、次に含み益が少ないもの、最後は最も良くて最も強いものです。

ザンガー　市場の一時的な急落で地合いが少し悪くなったときには、持ち株の六〇～八〇％を減らして、市場がどう動きたいのか見極めようとするでしょう。地合いが良くなれば、非常に慎重に選んだポイントで強い銘柄を買い直すでしょう。

リッチー二世　これは株式市場がどの段階にあると私が考えているかと、そのときまでの私のトレードのパフォーマンスによってまったく変わります。厳しかった時期のすぐあとであれば、すべての損切りの逆指値をすぐ近くに置くか、大急ぎで逃げるかです。

質問6の5　ある銘柄のチャートが上昇トレンドで非常に良く思えるけれど、市場全般は下降トレンドにあるとき、その銘柄を買いますか、それとも様子見を続けますか？

ミネルヴィニ　市場が調整局面入りか、もっと悪いことに下落相場入りしているという確証があれば、私はたいてい様子見を続けるか、少なくとも通常よりは少ない金額でトレードをします。機関投資家による買い集めの兆候が主要株価指数に見られて、個別銘柄が私の基準に照らして次々と順調にセットアップを整えていれば、少しだけ「試し買い」をするでしょう。ただし、最初の一連のセットアップのあとに二回目のセットアップが次々と整うまで、私は通常あまり買い進みません。また、試し買いをした銘柄がいくらか上げて、二回目のセットアップから上放れ始める場合に限ります。ほとんどの場合、ほぼ同時に株価指数も何日か続けて上げるか確かめたいです。最も重要なのは、勢いがついて、最初に買った銘柄が上げていることです。順調だと分かれば、私はかなり素早く投資額を増やしてリスクを大きくとります。

ライアン　たとえ市場が下降トレンドでも、ある銘柄に私が求める特徴のすべてがあれば、私は進んでその銘柄を買います。下落相場が最悪の時期でも、会社が勢いよく伸びている段階にあり、その会社の株が市場の下降トレンドに逆らうこともあります。ただし、それが可能な銘柄は極めて少ないので、非常に念入りに選ぶ必要があります。

例えば、株式市場が一九九〇年七月に下落し始めて、イラクがクウェートに侵攻した一九九〇年一〇月までに二〇％以上下げたとき、ＵＳサージカルは高値を更新し続けました。その時期にこの銘柄は、高値付近にベースを作りながら、二四ドルから三四ドルまで上げました。市場での重しが消えると、株価は三〇ドル台半ばから一気に一三〇ドル以上まで上げました。

ザンガー　市場全般のトレンドは私に真北を教えてくれるコンパスです。ですから、市場が下降トレンドの時期の九〇％では、株を買いません。ただ、それが単なる二～三％の押しであれば、市場が少し下げている間に、上にブレイクしている先導株を買うでしょう。

市場全般のトレンドに逆らえる状況はまれです。金はこのまれなケースで、株式市場が下降トレンドのときにしばしば上げます。また、ベア型ＥＴＦ（上場投資信託）も上げます。成長株やモメンタム銘柄は通常、市場全般と同じ方向に動きます。

リッチー二世　下落相場だけでは私がトレードをしない十分な理由にはなりません。しかし、一般に下落相場で持ちこたえている銘柄が一つだけであれば、通常はそれを買いたいとは思いません。私が本当に興味を持つためには、魅力的になりそうな銘柄がいくつも市場全般のトレンドに逆行している必要があります。

質問6の6　市場で機関投資家の売り抜けや買い集めが進んでいると、どうやって判断するのですか？　また、それを自分のトレードにどう生かすのですか？

ミネルヴィニ　市場が急落しているときに出来高が膨らんでいれば、機関投資家の売り抜けを示し、逆に急騰しているときに出来高が膨らんでいれば、彼らによる買い集めを示します。私は監視している銘柄でもこの動きが確認できるかを見ます。

ライアン　私は主要株価指数の価格と出来高の関係を見ます。それによって、私は投資する割合を変えます。市場が出来高を伴って大きく下げる日が出始めたら、ポートフォリオ内で取っているポジションの金額や銘柄数を減らすかもしれません。

ザンガー　私は二〇〇〇年に自分用に書いた音声プログラムを使っています。それは取引の集まり方と頻度を「サウンドピクチャー」で伝えるものです。プログラムはＩＱＸＰ・ドット・コム（http://iqxp.com/）という名前で、このサウンドシステムはそのプログラムのなかで、私が書いてＩＱＸＰの所有者が組み込んだ小さなモジュールです。

私は約一二銘柄を登録して、取引時間中はずっと相場の動きを聞いています。買い気配値で値が付けばココナッツが落ちる音、売り気配値で値が付けばハンマーでたたく音が鳴ります。

数日か数週間、ココナッツの音のほうが多く聞こえたら、売り抜けが起きていると分かるし、何日もハンマーの音が続けば、買い手が集まっていると分かります。

リッチー二世　私は単にNYSE（ニューヨーク証券取引所）総合指数とナスダック総合指数を見て、ごく最近の上昇か下落で出来高が平均より増えていたかどうかを確認します。私にとって最も重要な要素は、私が買い始めているときに、大量の売りがないことです。売りが多ければ、追い風が吹かない可能性があるからです。

質問6の7　市場全般の分析がどうであれば、投資により積極的になりますか？　いつ積極的になるべきか、どうやって知るのでしょう？

ミネルヴィニ　自分の買った銘柄が上げたときです。それが本当に私の主な尺度です。監視している銘柄にセットアップが整ったら、ポジションを少し取ります。そして、それが思惑どおりに上げたら、より積極的になります。うまく上げなければ、取っているポジションの金額と銘柄数を減らします。これは非常に単純な方法ですが、とても効果的です。思惑どおりに働いていればポジションを増やして、そうでないときには減らせば、最も順調に行っているときにトレード額が最大になり、最悪のときにはトレード額が最小になります。この方法で利益を大きくして、大損は避けることができます。

ライアン　何銘柄かが新高値を付けて、新たな先導株になっていたら、おそらく私はそれを市場の新しい上昇レグとみなすでしょう。それで、自信を持って、もっと投資しようという気になるのです。

ザンガー　非常に有望なチャートパターンに気づくことが積極的になるためのカギです。また、決算書やＦＲＢ（連邦準備制度理事会）の動きを分析することも同様に重要です。これらのスキルをすべて持っていれば、いつ攻勢に出るべきか分かるでしょう。通常、株価が最も大きく上げるのは、ＦＲＢが初めて金融緩和をしてからの数年と、不況後に利益が伸び始めた時期です。

リッチー二世　本当に大きくリスクをとろうと考えるのは、自分の実際のトレードが良くなったときだけです。いかに多くの指標や銘柄が良く見えても、関係ありません。私が利益を出していないのであれば、まず持ち株が上がらないと、より積極的にはなれません。

質問6の8　市場でインベスターズ・ビジネス・デイリー紙のフォロースルーデイ（ＦＴＤ、調整局面から上昇相場に転換する日）が現れる前に、ある先導株がしっかりしたチャートパタ

ーンから上にブレイクするのを見たら、それを買いますか？　買うのなら、フォロースルーデイが現れる前に限度いっぱいまでポジションを取りますか、それとももっと保守的でいますか？

ミネルヴィニ　フォロースルーデイが最も重要なときは、下落相場でかなりの調整が起きたあとです。この時期には、相場が底離れして新しい上昇レグを付け始めるときに、出来高が大きく膨らむかどうか確かめたほうがいいです。ただし、私はどんな株価指数や指標や記事よりも、個々の銘柄を頼りにします。たとえ主要株価指数が底入れしたとしても、それで個々の銘柄が本格的に上げる態勢に入ったわけではありません。そのため、私はフォロースルーデイが現れる前に動き始めることもあります。また、先導株は市場が大底を付けるずっと前に動き始めることもあります。また、先導株は市場が大底を付けるずっと前でも買います。

私は次のような見方をします。株式市場が素晴らしく見えても、私の基準を満たしている銘柄のセットアップが整っていなければ、とにかく私は何も買いません。だから、個々の銘柄が決め手になります。大部分のトレーダーはいわゆるマーケット、つまり主要株価指数を無視して、個々の銘柄に焦点を合わせたほうが、はるかに成績が良くなると私は思います。皮肉なことに、私は市場の転換を見極めようとしないのに、昔からかなり上手に転換点を判断できました。あなたもいわゆるマーケットを無視して、個々の銘柄に焦点を合わせると、市場の転換をとても上手に判断できると分かって驚くでしょう。

ライアン　市場が上昇トレンドでなければ、私は取る予定のポジションの一〇％ではなく、五％から始めるかもしれません。その後も数日続けて思惑どおりに動いたら、素早くポジションを増やすでしょう。先導株は多くの場合、市場が上昇トレンドを始める何カ月も前に、上にブレイクするときもあることを知っておく必要があります。

ザンガー　フォロースルーデイが現れる前に買うかどうかは、その銘柄のそれまでの強さやその他の要素によります。例えば、決算発表がいつか、どういう決算内容か、その銘柄の流動性がどれくらいか、市場のほかの銘柄がどういう動きをしているかなどです。私は出来高が多くて、決算内容が驚くほど良ければ、フォロースルーデイが現れるずっと前にその先導株を買うでしょう。

それでも、ポジションはおそらく限度いっぱいではなく五〇％にしておき、ほかの先導株から確信を得るかフォロースルーデイが現れるまで待つかもしれません。フォロースルーデイの多くはダマシで終わることを忘れないほうがいいです。フォロースルーデイは評判ほどの万能薬ではありません。

リッチー二世　投資資金がまだ現金のままか、非常に慎重な態勢から踏みだそうとしているときなら、私はまず常に試し買いをします。私は市場からの確証が得られる前に買いますが、通常よりは投資額を減らします。そして、ポジションの一つか二つがうまくいき始めたらすぐに、投資額とリスク許容度を高めます。

第7章　仕掛けの基準

質問7の1　銘柄のどんな面に一番引かれて、買えそうだと思うのですか？

ミネルヴィニ　ファンダメンタルズ面では、利益がそれまでの変動範囲を上にブレイクしていて、その利益の伸びが加速していることです。私は四半期で見た増益率が大きくなっていることと、「利益がブレイクアウトした年」を探します。また、売上高も伸びていていてほしいです。テクニカル面については、低リスクの仕掛けのポイントを上に抜いて、しっかりしたベースを上放れて、かなり良く持ちこたえている銘柄を保有したいです。

ライアン　過去に強い動きを示した銘柄がいいです。私は一回目の上昇では買わずに、二回目か三回目の上昇で買ったことが何度もあります。また、値動きが小さく値幅が非常に狭いベースで、出来高が細っているものが望ましいです。それに加えて、ファンダメンタルズが素晴らしくて強い業種に属していれば、私の注意を引きます。

ザンガー　強い業種で大きく上げている銘柄で、増収増益幅も大きければ、いつでも私の注意を引きます。そういう銘柄が素晴らしいチャートパターンを形成していると分かれば、それがベースを上放れたときに大きなポジションを取ります。

リッチー二世　私は利益と売上高の見通しが良く、機関投資家の買い集めが進んでいるように思える銘柄がいいです。ですから、テクニカル的には出来高を伴った長期上昇トレンドにあり、整然とした保ち合い圏を形成しているべきです。

質問7の2　一度に限度いっぱいまでポジションを取りますか、それとも一部を買って、少しずつ買い増しますか？　また、株価が逆行したときに段階的に手仕舞いますか、それとも一挙に売ってしまいますか？

ミネルヴィニ　私は本物のお金をリスクにさらして、相場を正確に把握しておくためだけに、少額の買いを入れて、状況の進展によって少しずつ買い増すことがときどきあります。しかし、トレードが思惑どおりに動き始めたら、すぐに限度いっぱいまでポジションを取ります。トレードが順調であれば、私は絶好調のビリヤードプレーヤーのように、テーブルの球を残らずポケットに入れてしまいたいのです。しかし、ほとんどの場合は、状況を探りながら、段階的に買い増していきます。買い増そうと思っているときは、大引け近くまで待って、その銘柄が高値近くで引けそうかどうかを見ます。

ライアン　私はいつもポジションを少しずつ増やしたり減らしたりします。株を買う日には、ポジションを最初に五％取って、大引け一時間前になったら一〇％に増やすかもしれません。高値近くで引けなければ、翌日まで待ってさらに上げるかどうか見ます。さらに上げるなら、素早く一〇％まで買い増します。売るときには、すべてのサポートを割らないかぎり、通常は段階的にポジションを減らしていきます。すべてのサポートを割ったら一挙に売ります。

ザンガー　ある会社の利益が飛び抜けて良いと分かり、その株が夜間取引でギャップを空けて上げていれば、ベースから五％以内で買えるのなら、買おうとするかもしれません。そして、その翌日と決算に関するカンファレンスコールのあとに買い増して、株数を二倍にして、その銘柄がどう持ちこたえるか見守るかもしれません。希望としては、一～二週間横ばいして、強気のフラッグかチャネルを形成してほしいです。そうすれば、私は買い増すかもしれません。
　大口トレーダーは流動性に影響を与えるので、段階的に買い増すのが普通です。私は買いたい銘柄が上にブレイクしていて、出来高も非常に多いときには、取りたいポジションの四〇％くらいを買うでしょう。出来高と値動きが好ましいままであれば、その日のうちにもう二〇％ほど買い増すかもしれません。残りを買う前に、通常は一日か二日待ちます。

ただし、その銘柄が翌日に動かなければ、小さなベースから再び上げ足を速めて新高値を付けるまで待ちます。その銘柄が下げ始めたら、私はこれまで述べたのと逆の方法でポジションを減らしていきます。場合によっては、段階的に減らすのではなく、一挙に手仕舞います。例えば、株価が急落するか、値動きがきれいでない場合です。

リッチー二世　通常は段階的に買い増すようにしますが、多くの場合、テクニカル面のセットアップに加えて、それまでの私のトレードがどうだったかによります。早く買いたいと思う銘柄があれば、必ず少し買って、あとで買い増そうとします。そのトレードが順調で、特にその状況が気に入っているときにだけ、すぐに限度いっぱいまでポジションを取ります。手仕舞うときには、大きなポジションを取っている場合は、段階的に減らすのが普通です。しかし、損切りの逆指値を近くに置いていて、すぐに売りたいときには、ためらわずに一挙に手仕舞います。

質問7の3　ブレイクアウトしたときにその水準よりもある程度上で日中に買いますか、それとも終値が分かるまで待ちますか？

ミネルヴィニ　私は日中に買います。ピボットポイント（横ばい圏で値幅が最も狭い領域）を上に抜いたら買います。通常は買いのポイントよりも二～三セントから二〇～三〇セント上までの間で買います。

ライアン　ある銘柄が上にブレイクしている水準だと判断したら、その株価よりも一セント上で買います。日中にブレイクしているときに最初に小さくポジションを取り、その日の値幅の上半分で引ける日まで待ってから、残りのポジションを取ります。ただし、ベースが完璧で出来高も多いときには、日中でも買います。出来高が急増して高値近くで引けそうなら、初日にポジションの五～一〇％分を買い増します。

ザンガー　終値を待っていたら、その銘柄は買値を大きく上回ることもあります。私はブレイクアウトかピボットポイントよりも一〇～二〇セント上で買い始めます。そして、株価がどう反応するかを見て、その銘柄の出来高が多くて、市場全般がちょうど上げ始めているのであれば、一気に買い増します。

忘れないでほしいのですが、市場の上昇の終わり近くに、その銘柄の後期ステージのベースを形成しているのなら、大きなポジションを取ると非常に失敗しやすいものです。後期ステージのベースで買わないといけないのなら、失敗したときに大損をしないように、ポジションは小さくしておくべきです。市場全般と銘柄がそれぞれ、相場のサイクルのどのステージにあるかを合わせて見ると、最もうまくいきます。私はときどきトレードをまったくしないで、二～六カ月、様子見をしながら、大きなトレード機会が訪れるのをひたすら待つときがあります。

トレーダーが犯す最大の過ちは、毎日二～三回のトレードをしなければならないと思うことです。あれこれの銘柄を数千株ずつトレードする少数の熟練したトレーダーであれば、うまくいくかもしれません。でも、少なくとも私は、それで大金を稼ぐことはできません。大きなポジションを取ってトレードをするためには、非常に良いベースが形成されたあとに、一日に何百万株もの出来高で急騰する必要があります。そして、一～三カ月の間、その同じ印象的な出来高が毎日続くべきです。

リッチー二世　私は終値を待って買うことはまずありません、もっとも、テクニカル面で明確な株価水準があれば、通常はブレイクアウトの水準よりも上で引けるかどうか確かめます。私は重要だと思う水準にアラートを設定して、ポジションを取る前にその銘柄がどう動くか見ることがよくあります。買うときには大量の売りがあるものは避けます。売りが極めて多ければ、そのトレードはおそらく本当に確信を持って上げる用意ができていないのです。

質問７の４　現金からリスク限度いっぱいに投資するまで、どうやって買い進むのですか？

ミネルヴィニ　私は銘柄に導いてもらいます。セットアップを整えて買いのポイントまで上げてきたら、それらの銘柄を一つずつ、リスク限度いっぱいになるまで買っていきます。私は自分の好みの銘柄が買いのポイントに達していないからと言って、ほかの銘柄の買いを控えることはありません。特定の銘柄が上に抜けるまで待つ間に、ほかの市場の本当の先導株に乗り損なうこともよくあるのです。こだわりを持たずに、広い目で見るのです。チャートと自分のリサーチを信頼して、自分の基準を満たす銘柄を買うことです。自分の主観に従うと、長い目で見れば必ず損をします。

ライアン　すべては私が買えると思う銘柄がいくつあるかと、市場全般の状況によります。市場は上昇に転じたと思われるが、買えるものが一〇銘柄も見つからなければ、私はまずＳＰＹ（ＳＰＤＲ　Ｓ＆Ｐ五〇〇ＥＴＦ［上場投信］）かＱＱＱ（パワーシェアーズＱＱＱ信託シリーズ一ＥＴＦ）でリスクをとるかもしれません。その後、上にブレイクしている銘柄を見つけたら、それらのＥＴＦを手仕舞っていくのです。

ザンガー　ベータ値（株価指数に対する個別銘柄の株価の感応度）が高くて、流動性が最も高い銘柄をフォローすれば、リスク限度いっぱいまで素早く投資するのは簡単です。市場の調整が終わって上げ始めたら、買い増す時間は十分にあります。私が二～三日で八〇％投資すれば、私にとっては重大な動きになります。最近は市場の動きが極めて強いときにのみ、信用取引で限度いっぱいまでの投資を考えます。しかし、めったにそういうことは起きません。

リッチー二世　ここは私がスキルを学んで磨くべきところであり、いまだに向上しようと努力している一番の領域です。私の経験では、キャッシュポジションを減らしていくときに、リスクと機会が同時に最大になる可能性があります。そのどちらなのかを知るには、市場の動きで判断するしかありません。

二銘柄を買って、二つともすぐに上げ始めたら、私は積極的に投資額とリスクにさらす割合を増やします。同様に、最初に買った銘柄が上げ続けないか、損切りの逆指値に引っかかるようなことがあれば、前とは逆のことをします。リスクにさらす金額の増減を相場の動きに任せれば、思いつきで決めるよりも常にうまくいきます。そして、私の経験では、最初の成功にすぐ続けて積極的になるほど、利益が得られます。

質問7の5　多くの銘柄をどうやってトレードするのですか？　例えば、監視している一五銘柄のうちの四～五銘柄が同時にブレイクアウトしたら、どうしますか？

ミネルヴィニ　三〇年以上もトレードをしてきて、五銘柄がぴったり同時にブレイクアウトしたことは一度もありません。二～三銘柄がかなり接近してブレイクアウトすることはときどきあるでしょう。もちろん、いつでもブレイクアウト水準に買いの逆指値を置いておくことはできます。

ライアン　私は、買いや買い増しを考えているすべての銘柄にアラートを設定しています。それらすべてが同時に上にブレイクしたら、利益と過去の株価の動きから判断して、上げる可能性が最も高い順に買います。

ザンガー　最近はすべてのトレードで、ブローカーに口頭で成り行き注文を出していて、指値注文は使っていません。かつては必要なときに素早く動けるように、複数のブローカーと複数のソフトを使っていました。私たちは、アルゴリズム取引を利用していました。ゴールドマン・サックスのプラットホームでソナーを使ったり、金融サービス会社のＢＴＩＧからレッドプラスやベイトレードのプラットホームを使ったりしていたのです。結局は、自分の手を使ってトレードするほうが株価の動きをよく感じられるので、そちらを好むようになりました。私が利用しているブローカーと私はアルゴリズムの利用をやめましたが、ほとんどの場合は私の望む執行が十分にできています。

リッチー二世　私は買えそうだと思う銘柄にはすべてアラートを設定します。それらの価格が重要とみなした水準に達したときに、リスト内の何銘柄が良い動きをしているか知りたいからです。それに加えて、買いたいと分かっていてその日に買うことが多い銘柄と、とっている総リスクがどれくらいかや、そのときのトレード状況次第では買うかもしれない銘柄もあります。それが絶対に買うべき銘柄と判断していたものなら、とにかく買います。リスク許容度や使える資金を超える銘柄数がブレイクアウトしているときは、私の基準で最も上位のものを通常は買います。

最後に、私はうまくいってない銘柄の一部かすべてを売り、ブレイクアウトしていて気に入った銘柄を買って、有利なほうにポジションを移していくこともときどき検討します。しかし、何を買うかは銘柄の動き次第で決めるように心がけています。私の経験では、よく動いている銘柄だけを買っておけば、通常はひどく外すことはありません。

質問7の6　仕掛けのポイントをどう定義しますか？

ミネルヴィニ　私はリバモアが最少抵抗線と呼んだ領域が形成されているか探しています。それは取引レンジで、供給が枯れるまで熟したところです。供給が限られている銘柄で非常に大きな需要が生じたら、その銘柄は急騰します。

ライアン　私には二つの仕掛けのポイントがあります。その銘柄が高値近くにあるときと、押したときです。ある銘柄がブレイクアウトしているときには、最近の取引レンジの大部分を上に抜けているときに買います。必ずしも正確に新高値である必要はないのですが、新高値近くに形成された取引レンジの九〇～九五％を超える必要があります。もうひとつの買いのポイントは、押したあとに上げているときです。ただし、高値から約一五％以上下げていない場合です。この買いのポイントでは、ほかに移動平均線やトレンドライン、モメンタム系の指標などのテクニカル指標をいくつか使います。

ザンガー　通常は新高値で出来高が急増しているところが、私にとって最高の仕掛けのポイントです。相場が売られ過ぎか調整局面から上げようとしているときには、包み足か下降チャネル、下降ウェッジで仕掛けることを目指します。

リッチー二世　大部分の私のトレードを調べたら、大半はトレンド方向に仕掛けていることが分かるでしょう。それは五二週高値から五％以内であり、ときどきは短期で押した水準です。

質問7の7　損切りをして間もない銘柄を、またトレードすることはありますか？　それらを買い直すときには、どういうプランを用いるのですか？

ミネルヴィニ　ええ、逆指値に引っかかって損切りさせられた銘柄をまた買うことはよくあります。ただし、その銘柄に再び低リスクの仕掛けのポイントが形成された場合に限ります。私は損切りさせられたというだけで、その銘柄をリストから外しはしません。そのため、仕掛けるためのさまざまなセットアップやテクニックが必要です。これはツールボックスを持っておくことと似ています。ハンマーだけで家を建てる人はいません。仕事に必要な工具をいろいろと持っているものです。私はダマシがリセットされるパターンを二つのグループに分けています。①ダマシのピボットのリセット、②ダマシのベースのリセット――です。ダマシのピボットからの回復は非常に速く、ほんの数日で回復することもときどきあります。ダマシのベースからの回復はもっと長くかかり、ダマシがどれほど深刻だったかにもよりますが、通常は数週間から数カ月かかります。

ライアン　私は損切りの逆指値に二回引っかかったあと、三回目の買い直しで非常に大きな利益を得たことがあります。私が仕掛け直すのは、テクニカル面で再びセットアップが整ったときです。最初にブレイクアウトしていたときに買ったあと、ベース内に戻ってダマシに終わったとします。その銘柄がさらに時間をかけて、ベースをきれいに作り直せば、二回目か三回目の試しでそのベースからブレイクアウトして高値を目指せば、また買います。

ザンガー　私は買い直しますし、これまでに何回もそうしています。たいてい、私はその銘柄がベースを作り直すのを確認します。それには二～三週間から一カ月以上かかります。私は例えば、手仕舞って二～三日以内には仕掛け直しません。そのころのブレイクアウト領域には明らかにしこりがあるからです。

リッチー二世　もちろん、します。一般論として、プロと初心者の大きな違いは、思惑どおりに動かなかった相場についての考え方にあると思います。例えば、プロは二～三回続けて損をした銘柄や市場で問題なく仕掛け直しができます。ところが初心者は、一度負けるとあきらめます。彼らはある市場や銘柄が意地悪をしたがっていると思うのかもしれません。私のやり方では、正しいときもあれば、買うのが早すぎたり、損切りの逆指値を近くに置きすぎたりすることもあります。そのため、その銘柄がひどく下にブレイクしないかぎり、仕掛け直すために監視を続けます。

質問7の8　あるトレードで振るい落とされたあと、その銘柄がその日のうちに最初の仕掛け

水準まで再び上げてきたとき、どうしますか？

ミネルヴィニ　日中に逆指値に引っかかった銘柄を買い直すことはときどきあります。それはまったくその銘柄の値動き次第です。これは日中の値動きに基づいているので、どちらかと言うと、「テープ（歩み値）」の動きから得られる直感です。

ライアン　私は損切りの逆指値が買値に近すぎたかどうか確かめるでしょう。それが一日のうちに起きたのなら、その銘柄はボラティリティ（価格変動率）が高すぎて、私向きの銘柄ではないかもしれません。そういう銘柄は目を離せない時間が長すぎるので、ほかの投資家に任せるのが一番です。それが再びセットアップを整えたら、そのときに買い直しても構わないのですから。

ザンガー　最近はそういうことはあまり起きませんが、過去には何回かありました。それらの大部分はＩＴバブルの時代に起きたことです。私はいつもよりも少ない株数でトレードをしました。逆指値をすぐ近くに置いて損切りに引っかかりましたが、その日に高値を更新したらまた買い直しました。

もちろん、この種のトレードではしっかり見ていないと、痛い目に遭うことがあります。当時は自分の判断が正しければ、翌日にギャップを空けて一二〜二五ドルの急上昇をし、その後の数日でさらに五〇ドル以上、上げることもありました。

リッチー二世　私は振るい落とされた銘柄に、同じ日に買い直すことはめったにありません。通常は一日か二日待って再評価します。ある銘柄の一部を売って買い戻すことはときどきありますが、完全に手仕舞ったときにはほとんど翌日まで待ちます。

質問７の９　移動平均線まで押したときに、トレーダーはモメンタム銘柄を買うべきだと思いますか？

ミネルヴィニ　私はときどき二〇日移動平均線や五〇日移動平均線などまでの押しで買うことがあります。ただし、通常はしっかりした保ち合い圏を上にブレイクしたあと、一回目か二回目に押したときに限ります。また、押し目買いをするにしても、株価が上昇に転じたときだけで、下げているときにはけっして買いません。私はその銘柄が私のトレード方向に動いているかどうか確かめます。忘れないでほしいのですが、移動平均線まで押したところで買うということが簡単であれば、だれもが株のトレードで金持ちになっています。でも、これは非常に分かりやすく基本的な手法で、特に先導株が大きく上げ始めたころには利益になる可能性があります。

ライアン　ええ、押し目買いをしてもいいですが、必ずしも移動平均線まで押す必要はありません。私はＭＡＣＤ（移動平均線収束拡散法）やストキャスティックスなどの指標で、押しからいつ上昇しそうか分かるようになりました。私は押しが終わったことを示すもうひとつの指標として、株価と出来高の特徴を見ています。押し目買いはブレイクアウトでの買いよりもちょっと複雑です。

ザンガー　強い銘柄が一〇日単純移動平均線か二一日単純移動平均線まで押したときは理想的な状況です。私は最も勢いのある銘柄がこれらの移動平均線を支持線にして、そこで上昇に転じることに気づきました。五〇日移動平均線や一五〇日移動平均線が支持線になることもありますが、押し目買いを考えているときには、一〇日移動平均線か二一日移動平均線が私には最も役に立ちます。

リッチー二世　トレーダーが移動平均線での値動きに基づいてトレードをするプランかアイデアを持っているかぎり、もちろんそうすべきです。例えば、私ならむやみに移動平均線かその近くに指値を置かずに、そこで株価がどう動くかを見守り、実際に上昇したあとで買うかもしれません。

やみくもに買えば、移動平均線が支持線にならなかったときは毎回、確実に損失を被る状況に陥ります。上昇するまで待てば、「落ちてくるナイフ」をつかむという状況を避けられます。少し高く買うことになるかもしれませんが、安く買うことよりもそのほうが成功する確率という点では望ましいのです。

質問7の10　勝ち銘柄を買い増す場合について、何かアドバイスをもらえますか？

ミネルヴィニ　そもそも、私が好んで行うのは、最適なポジションサイズぴったりで買うタイミングを計ることです。勝ち銘柄の買い増しはそこまで好んでしません。通常よりも小さなポジションでトレードを始めたときには、買い増すでしょう。その場合は、低リスクの仕掛けポイントが新たに形成されたところで買い増しをします。私はよく日中の早い時間に最初のポジションを取り、その日の大引けの前一五～三〇分の動きが強いままで引けそうなら、限度いっぱいまでポジションを増やします。

ライアン　それは最初に買ったあとの値動きによりけりです。その後の数日も出来高を伴って上げたら、おそらくポジションを増やすでしょう。上昇が止まり、出来高も少なくて終値もさえなければ、ポジションを増やす理由がありません。私はすでに含み益がある銘柄しか買い増しをしません。

優れたパフォーマンスを達成するには、本当に良い銘柄を一年に一つか二つ買えばいいのです。ただし、適切に動かなければいけません。最初に上げたあと、新しいベースが形成されてから買い増すべきです。その後にできたベースでもまた買い増しができます。上昇が長く続くときには、ポジションをポートフォリオの二〇～二五％まで積み上げていくことも可能です。ポジションをそこまで大きくするには、株価の上昇とその後に形成されるベースで買い増していくしかありません。

ザンガー　勝ち銘柄の買い増しとは、つまり、平均買いコストが上がることを意味します。その銘柄が格下げか増資によって急落すれば、すぐに含み損を抱える恐れがあります。そのため、出来高が多くて市場全般の動きも良いときに、ピボットポイントぴったりかそのすぐ上だけで買い、振るい落とされないようにすべきです。そして、出来高を伴って上げているうちに売ることです。市場がその銘柄に熱くなって株価を急激に押し上げ、出来高も大きく膨らんでなければいけません。ブレイクアウトしたときに私が大きなポジションを取り、上昇が二～三日止まったあとでさらに買い増す銘柄はそういうものです。

リッチー二世　このことの重要性は、何回か成功するまで本当には分からないでしょう。大部分の人はほぼすべての経験を後ろ向きにとらえがちです。それで、「安かったときに、もっと買っておけば良かった」と思うため、安いときに買った銘柄を高くなって買い増すという考えは間違っていると感じるのです。

私自身のトレードでは、私が買った価格と同じか、それよりも下げたときにのみ買い増していたら、最も良かったトレードのほぼすべてが消えて、最も悪かったトレードが増えていたと思います。この考えをよく理解して、実際に何回か成功してからしか、本当に納得し始めることはないでしょう。買い増しのポイントは、あまりリスクを高めないように含み益を使って買い、リスク対リターン比率を全体として良くするように買い上がることです。

質問7の11　ギャップを空けて上げたときに買いますか？　もしも買うのなら、寄り付きで自分が買いたい水準を超えてギャップアップした場合、どうしますか？

ミネルヴィニ　私は原則としてギャップを空けた銘柄を追いかけません。株価が私の買いポイントを二〜三パーセント以上ギャップを空けて上げたら、その銘柄には手を出しません。ギャップを空けたときに私が好んでするトレードもあります。それは決算発表を受けて長期のベースからギャップを空けて上げたときに、ピボットポイントをそれほど超えていないうちに買うことです。決算の数字が本当に良ければ、株価はさらに上げて、すぐに利益が得られるはずで

図7.1　カベラス（2012年）

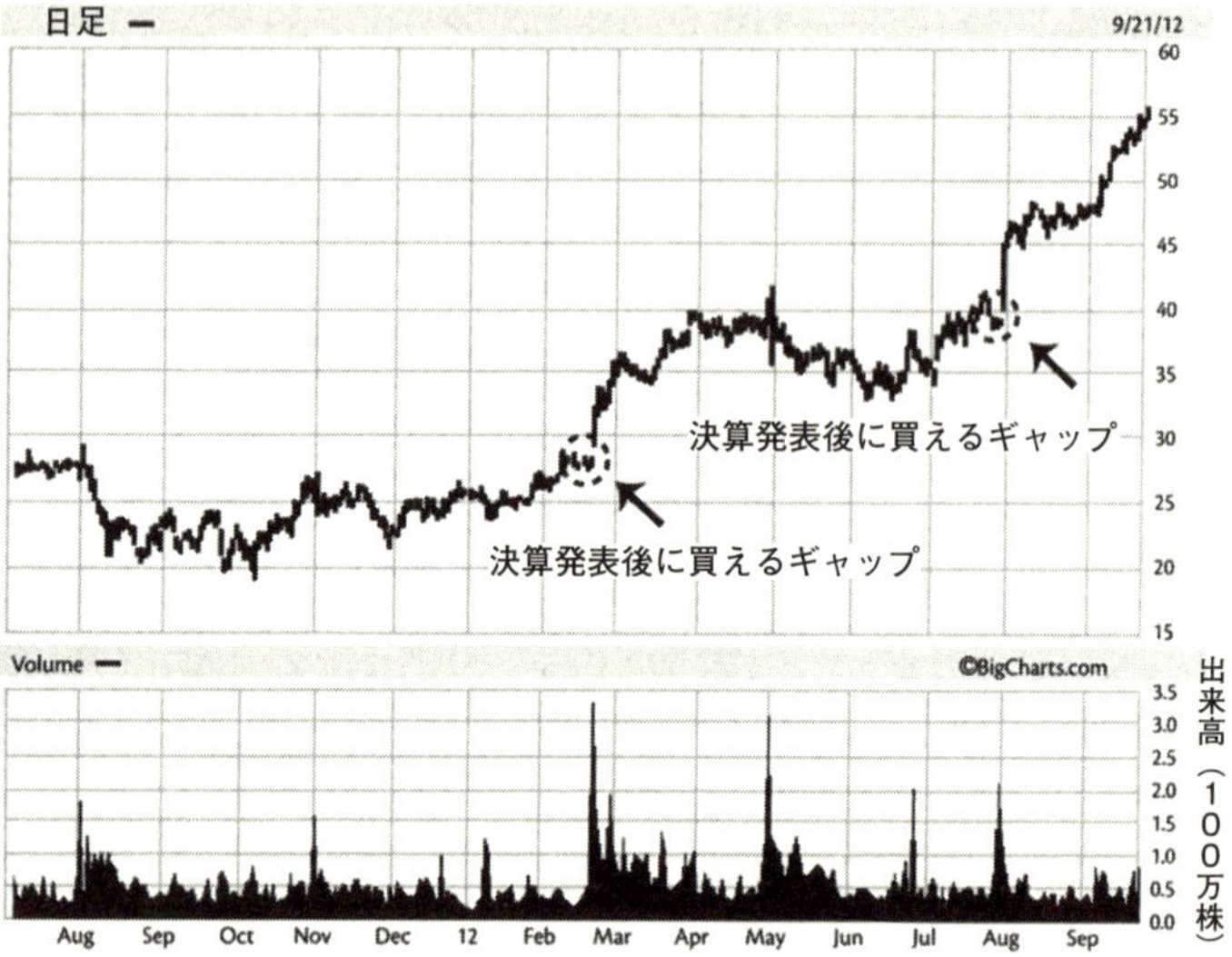

す。これはカベラス（CAB）が二〇一二年二月一六日と二〇一二年七月二六日に決算発表をしたときに起きたことです（図7.1を参照）。

一方、株価がギャップを空けて前日の安値よりも下げたら逆行しているので、同じ日に上にブレイクするためには日足が「アウトサイドデイ」、つまり「強気の包み足」になる必要があります。ある銘柄が予想外にギャップを空けたら、私は反射的に飛びつかないように気をつけます。私はプランを立ててから買うので、想像していたように株価が動くかどうか確かめたいのです。思いがけない値動きは好きではないので、私はそうした値動きにはめったに反応しません。

ライアン　買いポイントと判断した水準を超えてギャップを空けたら、めったに買いません。買う場合でも、その銘柄のファンダメンタルズが特に素晴らしいときだけです。私はときどき大引けまで待って、その日のレンジのどこで引けるかを確かめることがあります。大引けでも強ければ、その銘柄を買って、その日の安値に損切りの逆指値を置くかもしれません。大引けでそれほど強くなかったら、ギャップアップした日の高値よりも上げるかどうか見守るかもしれません。通常は二～三日のうちにそうなります。そうならなければ、その銘柄を監視し続けて適切なベースが形成されるまで待ちます。

ザンガー　株価がギャップアップで私の買いポイントを大きく超えないかぎり、私はギャップアップで買います。通常は私の買いポイントよりも五％以上も上げたら、その銘柄は買いません。大きくギャップアップした場合は、短期の小さなベースが形成されるまで待ち、出来高を伴ってそのピボットポイントを上に抜いたときに買います。

付け加えておくと、ほんの二～三銘柄だけですが、私は自分のルールを破ったことがあります。例えば、フェイスブック（FB）やグーグル（GOOG）のようにグローバル展開をしている大企業が、株式公開後まもなくから巨額の利益を上げ続けていた時期に、です。私はギャップアップをした日には大きなポジションを取らずに、通常の二〇％くらいを買い、翌日にどういう動きをするか見ます。そして、しっかりした値動きに見えたら、ギャップを十分に超えているかぎり、二日目、三日目、あるいは四日目であろうと、通常どおり近くまで買います。

ネットフリックスが決算発表直後に、寄り付きからギャップを空けて上げた二〇一四年四月二二日に、私はこの銘柄を買いました。その日は一日の値幅の中央で引けました。そして、その翌日には下落して安値引けしたのです。私はその日に一部を売りました。その翌日も下げ続けたので、私は残りを手仕舞って、そのトレードで約六％の損を出しました。振り返ると、それは私があせって無理に作った、お粗末なセットアップでした。

リッチー二世　ギャップアップで買うことはめったにありません。しかし、あえて買うときには、二つのシナリオがあります。一つ目は、株価がブレイクアウトすると考えていた水準を超えてギャップアップしたけれども、損切りの逆指値を遠くに離して置く必要があるほど上げてはいない場合です。ですから、通常はブレイクアウトした水準からほんの数パーセント上での買いです。二つ目は、間違いなく素晴らしい決算発表があって、急騰する可能性があると私が思っている銘柄です。この場合は損切りの逆指値を非常に近くに置いて、ギャップアップで買います。

第8章　リスク管理

質問8の1　損切りの逆指値をどこに置くかをどうやって決めるのですか？

ミネルヴィニ　株価水準が許容できるリスク範囲内にあれば、チャートの形が悪くなるまでその銘柄を保有し続けようとします。しかし、ボラティリティ（価格変動率）が高くてリスクが大きくなりすぎる銘柄では、単に損失が何パーセントかで逆指値を置く位置を決めます。ときどき、リスクを一定の金額で決める形に戻り、それに合わせてポジションサイズを決めることもあります。

ライアン　通常は損失があるパーセントになるところに逆指値を置くか、その銘柄の直近のサポート水準よりもわずか下に置きます。私の買いのポイントよりもわずか下にきれいなベース（保ち合い圏）があるときが最も望ましいのです。そこが手仕舞いのとても明確な水準になるからです。

ザンガー　損切りの逆指値を置く妥当な水準を決める第一歩として、私はまず日足の安値に沿って上昇トレンドラインを引きます。次に、一〇日移動平均線か二一日移動平均線などの比較的動きが速い移動平均線を探します。そして、株価がそれらの一つを下に抜けたら、通常はすべてを売るか、ポジションを減らします。

リッチー二世　私はそれを統計的に逆算して決めています。まず、加重平均で良い勝率を維持するために必要な水準を計算します。それによると、平均すると数パーセント下に損切りの逆指値を置く必要があります。付け加えておくと、私の買った位置が適切で、市場の動きも良ければ、チャートで相場が下落に転じ始めるのは通常、私の買ったポイントよりも三～一〇％下です。

質問8の2　リスクの上限を総資金の最大何パーセントまでと決めていますか？

ミネルヴィニ　私は総資金の二・五％以上のリスクをとりたくありません。でも、平均すると一回のトレードにつき総資金の〇・七五～一・二五％のリスクをとります。これを理解する箇単な方法は、総資金の二五％でポジションを取って、損切りの逆指値を一〇％下に置けば、そのトレードで総資金の二・五％のリスクをとっていることになるし、五％下に置けば、一・二五％のリスクをとっていることになります。

ライアン　最大で一％です。これは総資金の一〇％のポジションで一〇％の損失までと同じです。私は一つのポジションだけで、ポートフォリオ全体に大きな損失をもたらしたくありません。

ザンガー　私はポートフォリオ全体の二〇％を、総資金に対するリスクの上限にしています。個々の銘柄では、一～三％をリスクの上限にしようと心がけています。

リッチー二世　決めていますが、それにはいくつかの要素があります。まず最も重要なのは、私のトレードの大部分がどういう状態かです。負けが続いているか、かなり厳しい時期だったのなら、通常はポートフォリオ全体のせいぜい一％のリスクしかとりません。足場固めができたら、ポジション数を増やすか持ち株を買い増す形で、とるリスクを引き上げ始めます。

順調に進めば、たいてい二～三％のリスクをとっているでしょう。そして、利食いした銘柄があるか、損切りの逆指値を損益ゼロの水準よりも上に置いている銘柄があるときには、トレードリスクを五％以上とるでしょう。ただし、勝ちが続いているときに限ります。

トレードがうまくいっているときには必ずしも、うまくいってないときほど厳格なルールに従いません。うまくいってないときには、リスクを増やしません。これは市場の動きや時間枠、手法にかかわらず、私のトレードで決めていることです。

質問8の3　損切りの逆指値を近くに置いていても、ギャップを空けて下げるときや、ポジションを翌日に持ち越すときにはリスクがありますが、それにはどう対処するのですか？

ミネルヴィニ　毎晩、トレードをいったん手仕舞わないかぎり、ギャップを空けて下げるリスクからは逃れられません。そのリスクを取り除くことはできませんが、減らすことはできます。ここでポジションサイズが効果を発揮し始めるのです。過去三～六カ月に非常に大きなギャップを空けて下げた銘柄を買おうとしているのなら、つまりデビッド・ライアンの言う「連続ギャップ銘柄」を持っていると、非常にリスクが高くなる恐れがあります。ですから、買う銘柄の質も大きくかかわります。私のアシスタントは「枕ファクター」と呼んでいますが、私はいつもトレーダーに安眠できる水準まで売るようにと言います。要するに、安心して眠れなければポジションサイズが大きすぎるのです。

ライアン　トレードをする以上は、夜間に発表されるニュースやギャップは受け止めるしかないリスクです。ポジションのことが心配で、夜に眠れないのならば、ほかの人に資産を運用してもらうべきです。決算発表日が近づいたら、私はリスクを減らすためにその銘柄のポジションを減らすことがあります。

ザンガー　ポジションを翌日に持ち越すことが問題になったことは、一度もありません。私は翌日か翌週に持ち越した銘柄で、非常に大きな利益を得ています。大きなギャップを空けて下げるのは問題ですが、通常は、ＦＯＭＣ（連邦公開市場委員会）の会議や主要ニュースの直前のように、災難が起きそうなときを見越して、その時期にはポジションを減らしておきます。私はよくそうします。誤解しないでください。私はこれまでのトレード歴で、巨大なギャップで非常に痛い目に遭ったことが二～三回あります。しかし、長い目で見れば、強い上昇相場の時期には翌日や翌週に持ち越すほうが、明らかに私にとって有利に働きました。

リッチー二世　これは収益の下方修正のような場合を除くと、見かけほど大きな問題ではありません。私は気づいたのですが、相場が堅調で、銘柄の選別基準がしっかりしていれば、ギャップで被るリスクは非常に限られています。機関投資家が買い集めている銘柄が、相場が堅調なときに大きくギャップを空けて下げるのは相当にまれなことです。しかし、市場の調整期間でボラティリティが高まっているときにはまったく逆のことが起きます。

私はよく天気を比喩に使います。私はシカゴの出身ですが、その地域出身でない人々は、「わあ、あそこの冬の天気はひどいんでしょう」というようなことを決まって言います。実際にそうなのですが、猛吹雪のときに半ズボンとTシャツ姿で外出する人はいません。主に周囲の環境に影響されるという点で、個別銘柄の動きもこれと似ています。

質問8の4　損切りの逆指値を置くときは、例えば一回で一〇％の損失を確定させるように置きますか、それとも五％ずつ二回に分けて損切りするように置いて、上昇に転じるのを待つか、様子を見ますか？

ミネルヴィニ　私は少しずつ損切りをして、そのときの仕掛けがうまくいく機会を増やしたいほうです。一〇％の損失は私がサジを投げるところで、最大の損切りポイントです。ただし、一つのトレードでそこまで大きな損失を出すことはまずありません。覚えておいてほしいのですが、損切りの逆指値を近くに置くほど、仕掛けるタイミングを正確に計る必要があります。一方、損失を膨らませるほど、事態は雪だるま式に悪化します。私はどうやって窮地を脱するかよりも、タイミングをいかに正確に計るかに取り組むでしょう。

ライアン　私は五％ずつ二回に分けて損切りをするでしょう。仕掛けるタイミングが正しければば、五％下に置いた損切りの逆指値に引っかかったあとでさらに次の損切りレベルまで下がるはずがないからです。

ザンガー　言い回しが違うだけで同じことを言っているので、答えるのは難しいですね。いずれにしろ、一〇％の損が出るのが避けられないなら。選ばないといけないのなら、私は五％でいったん様子見をするほうを選ぶでしょう。

リッチー二世　五％ずつ二回に分けて損切りをします。私は常にポジションサイズを小さくして、上昇の機会をうかがうでしょう。

質問8の5　分析を誤って損を出したトレードと、そうなった理由を話してもらえませんか？

ミネルヴィニ　私は景気循環株を買うのが苦手で、めったに成功しないのですが、二〇一四年一一月にアルコア（AA）を買ったのです。それは二〜三日上げたあと、下げました。私は比較的小さな損で手仕舞いました。その銘柄は今、私が売った株価よりも大きく下げています。

ライアン　私は規律正しく自分のルールを守っていないときに、損をしています。感情が入ると、すでに上げすぎているか、適切なベースがきちんと形成されていない銘柄を買ってしまうのです。ぴったり適切なところで買って、初日から上げたら、通常は勝ちトレードになります。

最近の負けトレードは、ジャック・イン・ザ・ボックス（ＪＡＣＫ）が二〇一五年三月二四日にブレイクアウトして、新高値を付けたので、買いました。これは決算発表後にギャップアップしたあと、小さなベースを形成していました。その銘柄は新高値を更新していたのですが、私が買った初日にすぐに上昇が止まったのです。翌日には、ブレイクアウトしたときよりも大商いで三・四％下げました。翌日以降の数日間、上昇が続かなかったことと、上昇時に出来高が増えなかったために、この銘柄は下げました。素早く上昇しなかったので、私は三％の損で手仕舞いました。

私が失敗したのは小さなベースで買い、新高値を付けにいくときに出来高が増えなかったことです。株価が上昇してベースを上放れるには、数日間は出来高を伴って上げるべきです。その銘柄が長く上げ続けたあとでは、四週間のベースでも最高のセットアップではありませんでした。通常はベースの期間が長いほど大きく上げます。

ザンガー　負けトレードのほとんどは、その銘柄が上にブレイクしたあとの買い圧力が弱かったせいです。私はベースをかなり厳しく分析します。また、買い候補銘柄を非常に公平な目で見ることができます。私は最高のセットアップでポジションを取り、次に起きることに反応します。どんなトレーダーでも、できることはそこまでです。

私の負けトレードの一例は、バイオテクノロジーセクターのメディベーション（ＭＤＶＮ）です。この銘柄は二〇一〇年二月に形の良いベースから急騰していました。ところが、私が買った翌日に、この会社が開発した薬品がＦＤＡ（米食品医薬品局）の認可を得られなかったことが分かりました。株価は翌朝の寄り付きに七五％下げていました。

リッチー二世　グローバス・メディカル（ＧＭＥＤ）が決算発表の数日前に上にブレイクしていたので、二〇一五年二月二三日に少し買いました。この銘柄は決算発表が近づいても売り残が多く、史上最高値近くまで上げていました。それで私の分析では、売り手による買い戻しで決算発表前から上げている可能性があり、決算の数字が良ければおそらく私の思惑どおりに大きく上げるだろう、と思っていました。私は発表日まで保有していて、すぐにギャップを空けて少し上げたのですが、その後に大きく下落して手仕舞うことになりました。

また、二〇一五年三月二三日にはオプコ・ヘルス（ＯＰＫ）を買いました。最初は非常に良い動きをしているように思えました。しかし、二日後には大きく下落しました。値動きがおかしくて振るい落とされたので、私は買うタイミングが悪かったとすぐに分かりました。

質問8の6　持ち株が下げて含み損になったとき、ポジションを少しずつ減らしますか、それ

とも一挙に手仕舞ってしまいますか？

ミネルヴィニ　損切りの逆指値に引っかかったら、私はすぐにすべてのポジションを手仕舞います。ときどき、損切りの逆指値をずらして置き、一回で損切りするときと同じ損失率で手仕舞えるようにすることもあります。それによって、トレードの一部を残せるかもしれないからです。結果として、下げるたびに少しずつ、通常は三分の一ずつか二分の一ずつ損切りしていきます。

ライアン　損切りの水準を下回ったら、通常は一挙に売ります。いつでも、最初に損切りをするのが最も良い損切りなのです。資金を守るのが常に私の第一目標です。

ザンガー　その銘柄の流動性と、私が買っている株数によります。理想的な世界でなら、指を鳴らして一挙に売り、一回のトレードでポジションを手仕舞いたいです。ですが、そんなことはめったに起きません。出来高が細り、株価が急落していれば、私はまずディープ・イン・ザ・マネーのコールオプションを売り、その後に持ち株を売り始めます。私の売りによって株価は必ず下げるからです。私が持ち株を売って株価が下がると、コールが安くなっていくので、それを買い戻すときの利益で持ち株の損失と相殺できます。ところで、大切なことを付け加えておく必要があります。私は流動性が低く、一日の出来高が二〇〇万～三〇〇万株以下の銘柄でコールを売ろうとします。しかし、一日の出来高が七〇〇万～五〇〇〇万株ある流動性の高い銘柄ではコールを売りません。そういう銘柄は売りたいときに売れるからです。

リッチー二世　大きくポジションを取っているときほど、段階的に手仕舞うでしょう。ポジションが小さければ、事前に決めていた損切りの水準まで下げたら、通常はすべて売るだけです。状況が変われば、買い直せると分かっているからです。大きなポジションを取っているときには、たいていは下げるにつれて少しずつ売っていきます。

質問8の7　損切りの逆指値は、取り消すまで有効な注文を実際にブローカーに入れますか、それとも自分の頭に入れておくのですか？　特に寄り付きでギャップを空けて下げるときに、マーケットメーカーは損切りの逆指値を狙って動いているように見えるのですが。

ミネルヴィニ　私は損切りの水準を頭に入れておきます。損切りの逆指値が現在の気配値に近ければ、彼らにいわゆる「ストップ狩り」をされる可能性はあります。流動性が高い銘柄で、損切りの逆指値を遠くに離して置いておけば、問題はないはずです。

ライアン　私は損切りの逆指値を日中にだけ置いて、夜間には外しておきたいです。寄り付き後四五分間の取引は感情に左右された値動きが多いので、好きではないです。私のほとんどの失敗はその時間帯に集中しているので、通常は手を出さずにニュースを読み、見守るだけにしています。私はときどき逆張りをするかもしれません。つまり、早朝の値動きが行きすぎていると思ったときには、下げているときに買って、上げているときに売ります。

ザンガー　私は個別銘柄の値動きに合わせて、損切りの逆指値を頭に入れています。相場がひどい調整をしないかぎり、ほとんどの強気相場では押し目買いをします。その下げが全国的かつ世界的なニュースで引き起こされたものであれば、寄り付き後の早いうちの下げか、ギャップダウンでの買い増しはたいていうまくいきます。

リッチー二世　これはちょっと誘導質問っぽいですね。現在の市場構造では、逆指値注文を実際に入れておくと、マーケットメーカーに狙われるのは疑いないと思うからです。それで、本当の問題は、ストップ狩りを避ける最も良い方法は何か、です。答えは、特に中小型株はそうですが、少なくとも現在の株価近くに損切りの逆指値を置かないことです。非常に流動性が高い銘柄ならば、そうしてもほとんど問題ないでしょう。

最後に、損切りの逆指値を頭に入れておくやり方は、規律を守れるプロだけが使うべきだと、強く忠告しておきます！　自分が考えていた損切りの水準を守れない人は、けっしてこの方法を使うべきではありません。損切りの逆指値をしっかり守らなくても問題ないレベルに達したときに、私は損切りの逆指値を頭に入れるだけでも構わないと思い始めるでしょう。

質問8の8　ある銘柄が上にブレイクしたけれども、明らかなサポート水準が現在の株価よりも一五～二〇％下にあるとき、どういう損切りの逆指値を使いますか？　一〇％下に置けば値動きの余地を十分に残しつつ、リスク管理に十分なほど近くに置いていると言えるでしょうか？

ミネルヴィニ　私なら含み損が一〇％になる前にポジションを手仕舞いたいです。私が一〇％の下落を受け入れることはめったにありません。いわゆるサポートがどこにあるかは気にしません。一つのトレードで一五～二〇％ものリスクをとるつもりはけっしてないからです！　損切りの逆指値水準に使うにはサポートラインが離れすぎているのであれば、不安を感じない水準が何パーセント下かで決めるだけのことです。

ライアン　株価が上げすぎているので、私はその状況ではほとんどの場合、買いません。私が買う水準辺りにはベースか移動平均線かトレンドラインといったサポートラインがあってほしいのです。

ザンガー　この状況で一〇％の損切りにこだわっていたら、私は今ごろ一文無しになっているでしょう。私が実際に使っている損切りの逆指値は二～三％下辺りです。ただし、まだ損切りの逆指値からは十分に離れていても、ブレイクアウト後の値動きが弱いというだけで売ることも珍しくありません。そうした銘柄はサラブレッドに期待するような強さを見せていないのです。株価が下落して、犬のようにワンワンほえるまで待つ必要はありません。ブレイクアウトが弱々しいダメ株は、ふらつきながら上げている間に売ってしまえ、と私は言いたいです！

リッチー二世　まあ、その質問は、すでにかなり上げている銘柄を私が買っているように聞こえますが、私はルールとしてそういうことはしません。ですが、近くにはっきりした損切り水準がない銘柄を買うとしたら、私は自分の平均損失に基づいた比率で損切り水準を決めるでしょう。そして、いつもよりも小さいポジションから始めます。逆指値に引っかかる確率が高いと分かっているからです。

質問8の9　出来高が非常に少ないときに、持ち株が損切りの逆指値に引っかかったらどうしますか？　それでも損切りをしますか、あるいはもう少し待って、動く余地を残しますか？

ミネルヴィニ　損切りの逆指値に引っかかったら、私は手仕舞います。それだけです！　私の目標は数学的に意味をなす水準で、自分の口座資金を守ることです。出来高がどうであれ、数学に影響はありません。

ライアン　売ります。そんな銘柄にさらに下げる余地を残しては絶対にいけません。そんなことをすれば、ポートフォリオに含み損が生じるたびに口実をつけて、損切りを引き延ばし始めることになります。そして、そのうちに含み損が手に負えなくなるのです。

ザンガー　それは状況で判断することで、市場全般の動きと、その銘柄自体の通常のボラティリティによりけりです。最低でも、私はポジションを三〇～四〇％減らして、その後の動きを見ます。

リッチー二世　事前に決めていた損切り水準まで下げたら、ほとんど常にいくらか手仕舞います。ただし、非常に近くに損切り水準があるときで、出来高が細り、値動きが止まっていて、特に中小型株ならば、私は少し待つかもしれません。一般に、私はその場で値動きの余地を増やさずに、事前に決めておくように心がけています。

質問8の10　相場のちゃぶつきで振るい落とされたら、どう対処しますか？

ミネルヴィニ　頻繁に振るい落とされるのなら、次の二つのうちのどちらかが間違っていると思います。それは銘柄の選択基準に問題があるか、市場全般が逆行しているかのどちらかです。適切な時期にしっかりした原則に従っていれば、頻繁に振るい落とされるはずがありません。相場のちゃぶつきは下落相場よりも危険です。下落相場では買いのセットアップは形成されないので、すべてが損切りの逆指値に引っかかって、現金化させられるだけだからです。ちゃぶつき相場では、上げたと思ったら下げるの繰り返しで、仕掛けては振るい落とされるため、わずかな損でも積み重なって耐えがたい損失になることもあります。

ライアン　対処が最も難しい相場はちゃぶつきです。ブレイクアウトをしても、めったにうまくいかず、買っても空売りをしても損をしかねません。そういう状況になり始めたと思ったら、私はリスクを減らして、通常よりもずっと小さなポジションでトレードをします。また、上にブレイクしたときよりも、押しているときに先導株を買おうとします。カギは忍耐強く、適切なセットアップが整うまで待つことです。セットアップが整っていないのに、無理にトレードをしてはいけません。

ザンガー　ちゃぶつき相場の局面に入って、明白なトレンドがないと判断できたら、私はたいてい市場から完全に撤退します。トレード資金を現金化して、新たに上昇トレンドが始まるまで根気よく様子見をしながら待ちます。トレード初心者にできる最善のアドバイスは、ちゃぶつき相場には近づかないようにということです。買いでも空売りでも、ちゃぶつき相場では食い物にされるだけです。ちゃぶつき相場は九カ月から一年以上も続くことがあります。

リッチー二世　実は私のトレードスタイルにとって、こういう状況が最も大変です。特に持ち株は横ばいかじり高なのに、市場全般は大きく上げたり下げたりしているときは大変です。個別銘柄のほうが市場全般よりも大きくちゃぶつくことがあるからです。対処法は簡単です。私が何度も振るい落とされていたら、状況が良くなるまでトレードサイズを小さくします。

質問８の11　予想外のイベントが起きたら、トレードをどうしますか？　例えば、二〇ドルで買って、一九ドルに損切りの逆指値を置いていたときに、ニュースで一五ドルまでギャップを空けて下げたらどうしますか？

ミネルヴィニ　損切りの逆指値に引っかかったら売ります。極めて単純な話です。そうしないのなら、そもそも損切りの逆指値を置く意味がありません。トレードでのスリッページは避けられないことです。ただ、スリッページを入れても、私の損失は非常に限られています。

ライアン　予想外のニュースならば、寄り付きでのギャップダウンがその日の安値で、そこから上げ始めることもときどきあります。私はすでに大きな含み損を抱えているのですから、最初の三〇分は過剰反応が極端にすぎる可能性がないか確かめたいです。前日からの下げ幅の五〇％以上戻したら、翌日まで持ち越して、さらに上げるか様子を見るかもしれません。寄り付きからの三〇分間に付けた安値を割ったら、そこで手仕舞います。大きな損失をさらに膨らませるのはいやですから。

ザンガー　そういうギャップダウンでは、通常は押し目買いが入って一ドルか二ドル上昇するまで待ってから売り始めて、すべてを手仕舞ってしまいます。私はその銘柄のことは忘れて、セットアップを整えているほかの銘柄に移ります。その種のギャップダウンをする銘柄は人泣かせになるだけです。次に進むことです。その銘柄にはもう好かれてないし、縁がなかったのです。その銘柄のことは忘れて、先に進むべきです！

リッチー二世　売ります！

第9章　トレード管理

質問9の1　核となるポジションを維持しつつ、その銘柄を買い増したり、一部を売ったりすることはありますか？

ミネルヴィニ　あります。リスクがとても低い仕掛けポイントで、ポジションを通常よりも大きく取ることがときどきあります。そして、その銘柄が急騰したら、余分な分だけをすぐに利食い売りをするかもしれません。この確保した利益は損失に対する備えにもなるので、残りのポジションを維持しやすくなります。逆に、ポジションを通常よりも大きく取ったのに下げたら、すぐにポジションを小さくします。うまくいってないときにはポジションをあまり大きくしないほうがいいし、うまくいっているときにはポジションをあまり小さくしないほうがいい。両者が逆になる動きをしたほうがいいのです。

ライアン　私はいつでも核となるポジションを中心にトレードをします。これは車の運転と似ています。青信号であればアクセルを踏み、ポジションを新たに取るか買い増しをします。状況が変わって黄信号が見えたら、再び青信号になるまでポジションを減らすかもしれません。株価が下にブレイクして、信号が赤になったら、ポジションをすべて手仕舞います。株価の動きに合わせて調整するのです。

ザンガー　私には通常、一年に一つか二つ大勝する銘柄があります。その銘柄が二〇〜三〇％上げたら少し売ります。また、一〇日移動平均線か二一日移動平均線まで押したときに、その銘柄がまだ極めて強いという兆候があれば、また少し買い増すことがときどきあります。しかし、私はむしろ上昇中に少しずつ売りたいし、押したときには買い増しをしたくないほうです。前に言ったように、上げたときに買い増せば平均の買値が上がるので、急落したときには前よりもはるかに素早く含み損になって、損切りせざるを得なくなるからです。

リッチー二世　これは私が常にうまくなろうと努めていることです。通常、私は次の二つのうちのどちらかでしか、ポジションを増やしたり減らしたりはしません。ひとつはまだ株価が本格的に上げていないときで、そこで買ったあとに横ばいすることがよくあります。そこで続けて数日上げ続けなければ、ポジションを減らさないといけなくなるし、再び上げ始めたらまた買い増すかもしれません。もうひとつのもっと望ましい状況では、含み益がリスクをとっている額の二倍を超えているときで、そのときには一部を利食いします。その後に、上げて再び保ち合い相場になったら、売った分をまた買おうとします。

質問9の2　最近の勝ちトレードと負けトレードをそれぞれひとつ、詳しく教えてもらえませんか？

ミネルヴィニ　かなりうまくいったトレードは、最近、新規公開されたマイケルズ・カンパニーズ（ＭＩＫ）でした。これは典型的なＶＣＰ（ボラティリティの低下パターン）から上放れたので、二〇一四年一一月六日に買いました。この銘柄の終値は一六日間のうちの一三日間で上げて、四カ月たたないうちに約六〇％上げました。私は早いうちに手仕舞いましたが、それでも、すぐにかなりの利益が得られました（**図9.1**を参照）。

損をしたときの興味深い例は最近のツイッター（ＴＷＴＲ）のトレードです。私は二〇一五年三月下旬から四月上旬にかけてポジションを取っていきました。大引け後に決算発表される予定だった四月二八日までは、比較的よく持ちこたえていました。ところが、日中に決算数字が漏れて、株価が急落し始めました。私はすでにその日の早くに一部を売っていて、残りは取引が停止される六分前に売りました。その後に取引が再開すると、一五％ギャップを空けて下

図9.1　マイケルズ・カンパニーズ（2014～2015年）

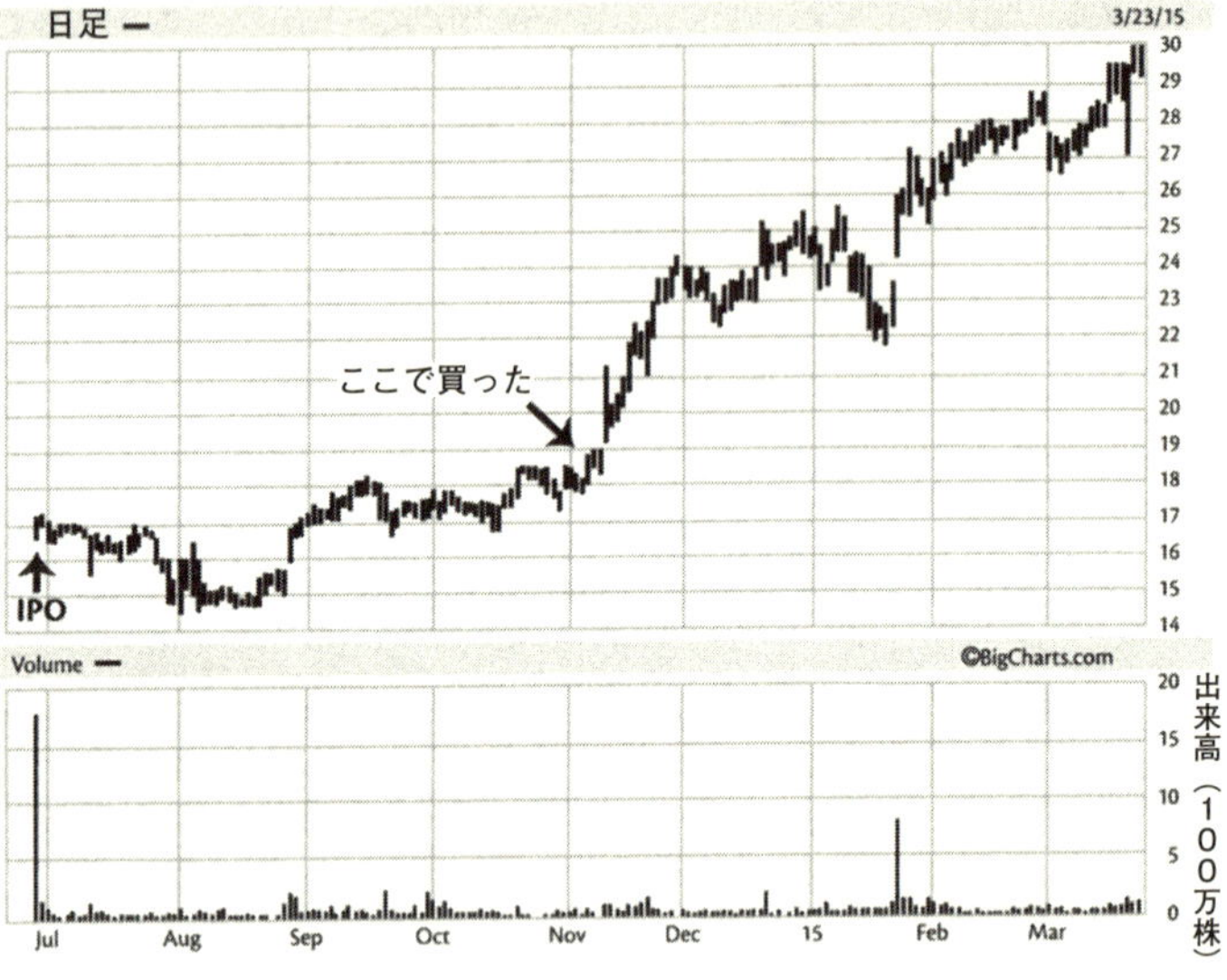

げました。私はそのトレード全体で〇・一六％の損で済みました（図9.2を参照）。この小さな損失がとても心地良い理由は、決算発表後まで保有しておくつもりだったのですが、数字が漏れたおかげで、翌朝の大きなギャップダウンからは救われたからです。

ライアン　出来高が大幅に増えたので、二〇一五年三月二日にアンバレラ（AMBA）を買いました（図9.3を参照）。この銘柄はほぼ三日間のベース（保ち合い圏）から上放れました。もう少し早く、ベースの九〇％を超えたときに買うこともできました。常に最高値を付けるまで待つ必要はありません。次の二日間は大商いで、上げ続ける勢いがありました。

図9.2　ツイッター（2015年）

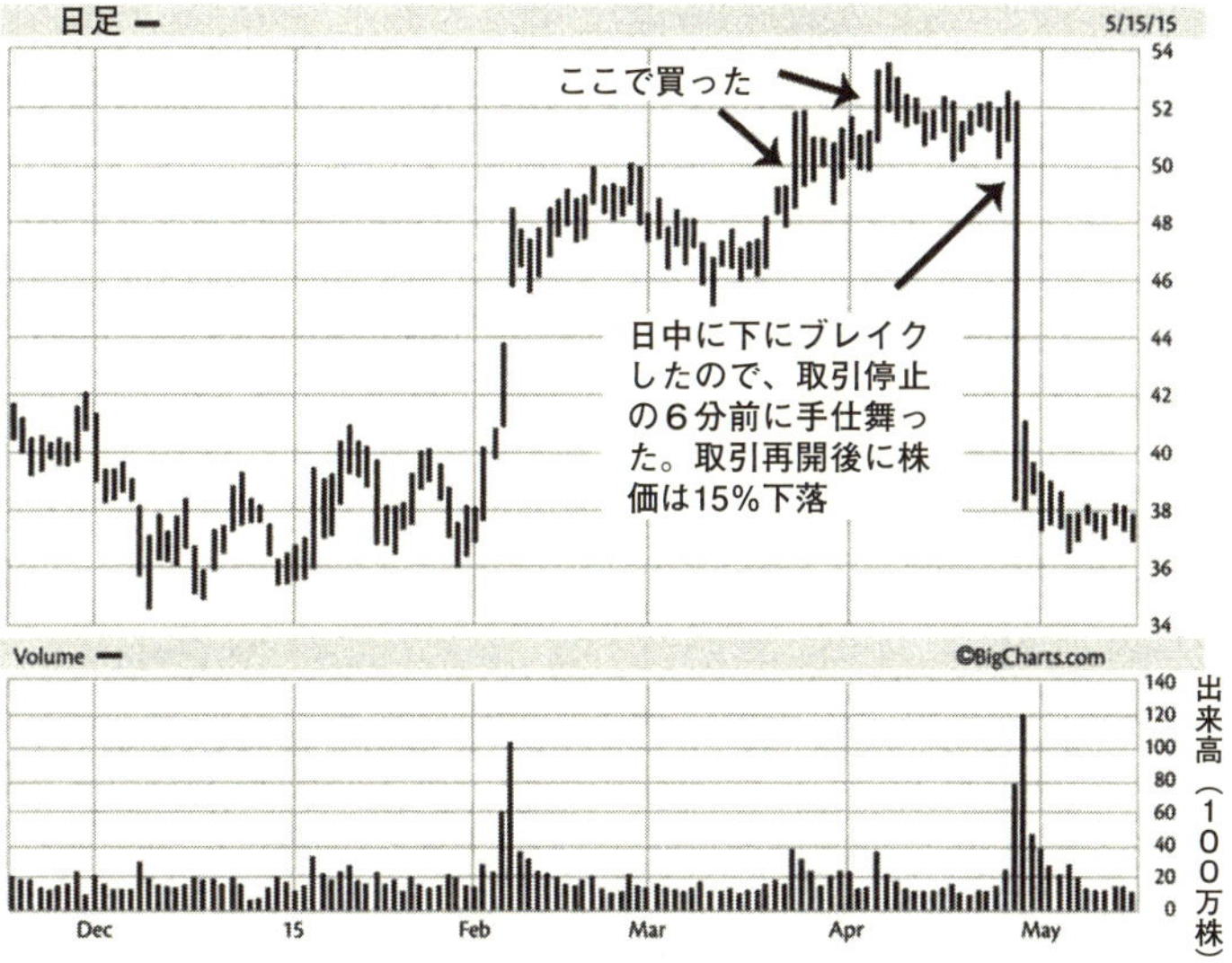

その後、四週間にわたるベースから下にブレイクし始めた二〇一五年四月二四日に、すべてを売りました。そして、二〇一五年五月一五日に再度買い直したのですが、二〇一五年六月一〇日に天井を付ける動きをしたように見えたので売りました。この銘柄は三週間で四〇%上げましたが、これは二〇一二年一〇月に新規公開した株価から一五倍になったあとの動きでした。

　フィエスタ・レストラン・グループ（FRGI）では損をしました。二〇一五年三月二〇日のベースから上放れようとしていたので、私はこの銘柄を買いました。出来高は増えていたのに失速し始めて、その日は安値近くで引けました。これは上にブレイクしようとしていると

図9.3　アンバレラ（2015年）

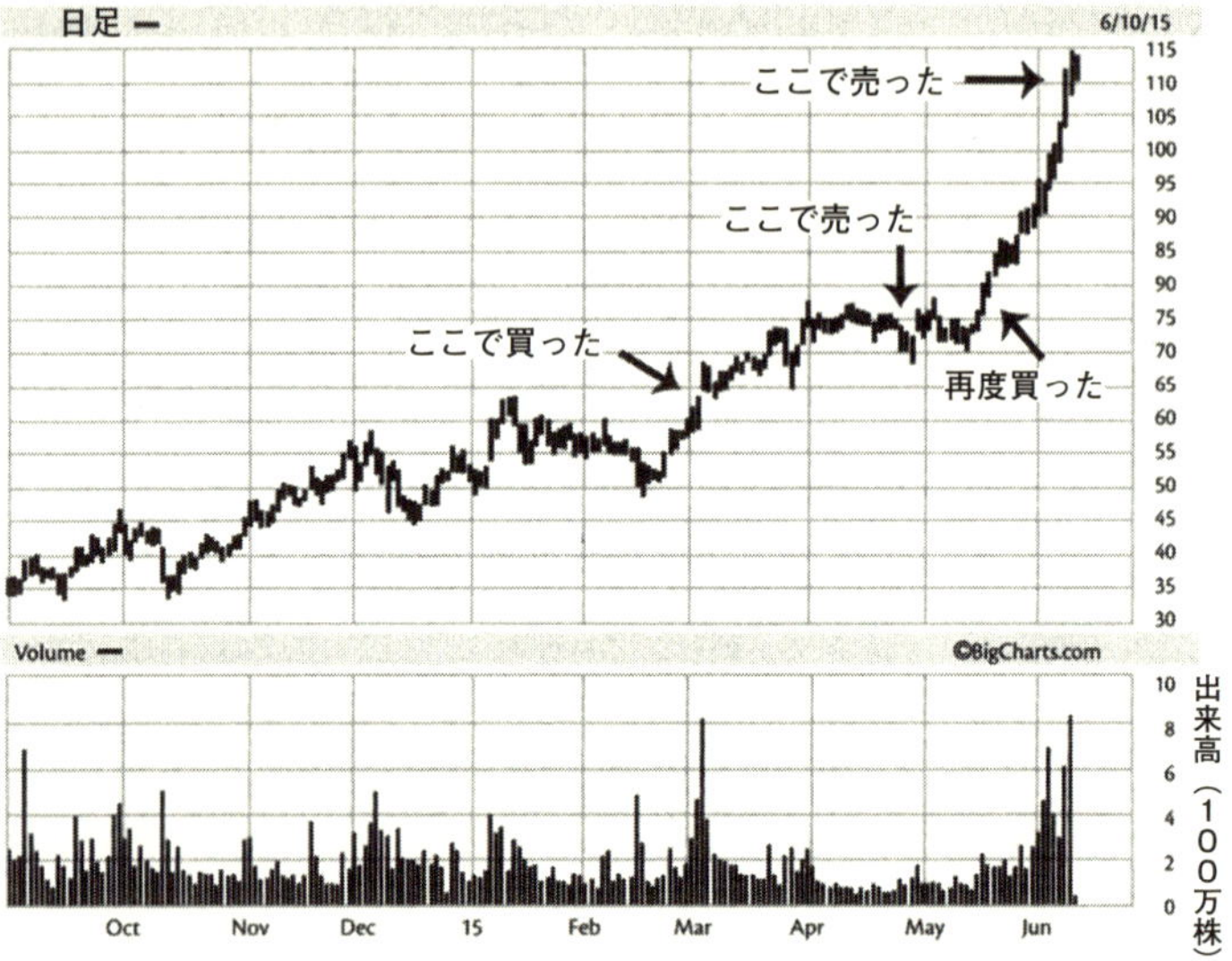

きにはいつも悪い兆候です。二〇一五年二月二〇日にこの銘柄が下落したときに、それまでで最大の出来高だったことにもっと注意を払っておくべきでした。この出来高はとても超えられる多さではありませんでした。その後の二～三日は上値を試しましたが、需要はありませんでした。私は二〇一五年三月二五日に売りました。その翌日には出来高を伴って五〇日移動平均線を下回ると、それ以降はずっと下降トレンドで、二五％以上も下げました（**図9.4**を参照）。

ザンガー　ファーマサイクリクス（ＰＣＹＣ）は数年にわたって大きく上げた銘柄です。私はこの銘柄が一五ドルのときに自分のウェブサイトのリストに載せた

図9.4　フィエスタ・レストラン・グループ（2015年）

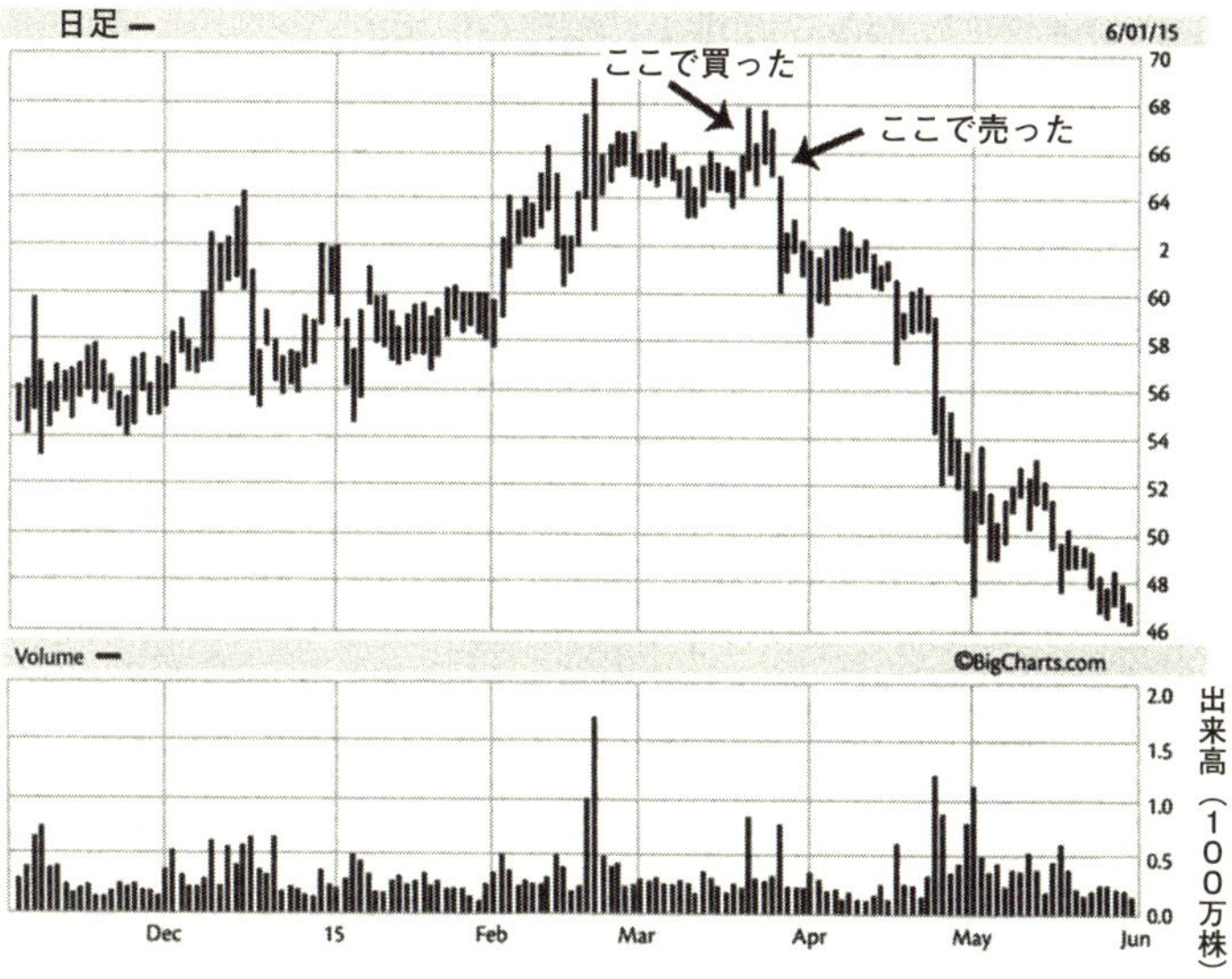

のですが、そこから二年ほど上げ続けて一五〇ドルに達すると、六カ月の保ち合い圏を形成しました。その六カ月のベースを上放れて一六八ドルくらいまで上げると、決算発表を前に二週間の上げ一服となりました。

この二週間の保ち合いによって、高値圏でとても良い上昇フラッグのようなパターンが形成されました。決算発表後にこの銘柄は一二ドル急上昇したあと、このパターンまで押したのです。私は決算の内容が気に入っていたし、その業界も非常に強かったので、一七〇～一七三ドルの辺りで買い増しました。数日後に急騰し始めると、その上昇は止まらず、最終的にアッヴィ（ＡＢＢＶ）から一株二五八ドルで買収の提案がありました。そ

図9.5　ファーマサイクリクス（2015年）

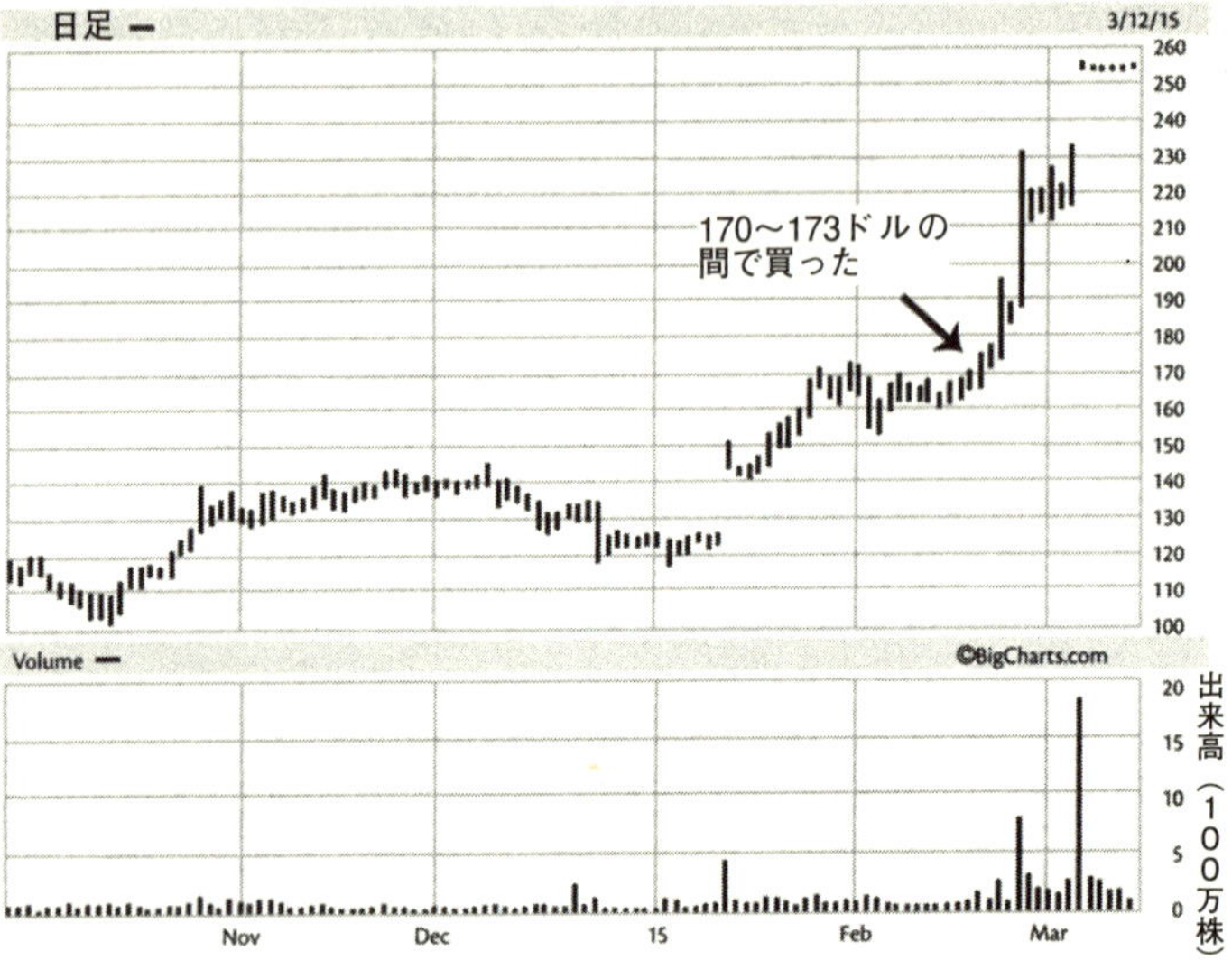

れはほんの数週間で八〇ドル以上の上昇でした（**図9.5**を参照）。

最近、損をしたトレードを見ると、株価が思惑どおりに動かなかったときに、私がいかに素早く手仕舞うかが分かります。私はサイバーアーク（ＣＹＢＲ）が出来高を伴って下降チャネルを上にブレイクしたので、二〇一五年六月八日に買いました。その後、株価は新高値を更新しましたが、下落してダマシとなり、買ったところよりも一・五〇ドル下で損切りの逆指値に引っかかりました（**図9.6**を参照）。

リッチー二世　最近かなり利益が得られたトレードの一つはクオリス（ＱＬＹＳ）でした。これは株式市場が調整したため

図9.6　サイバーアーク・ソフトウェア（2015年）

に、資金をすべて現金化して守りの態勢に入ったあと、二〇一四年一〇月に初めて買った銘柄の一つでした。この銘柄が二九ドルの水準を超え始めたので、私は二〇一四年一〇月二八日に買ったのですが、その後は一度も下げませんでした。

これを気に入ったのは、市場の調整期間にもよく持ちこたえたうえに、大幅な増収増益で、私の大いに好んでいたインターネットセキュリティ業界に属していたからです。私は二〇％近く上昇したあとの二〇一四年一一月四日に半分のポジションを手仕舞って、損切りの逆指値を損益ゼロの水準に引き上げました。そして、残り半分ではるかに大きな上昇を狙いました。それを売ったのは二〇一五年二月一〇日です（図9.7を参照）。

図9.7　クオリス（2014～2015年）

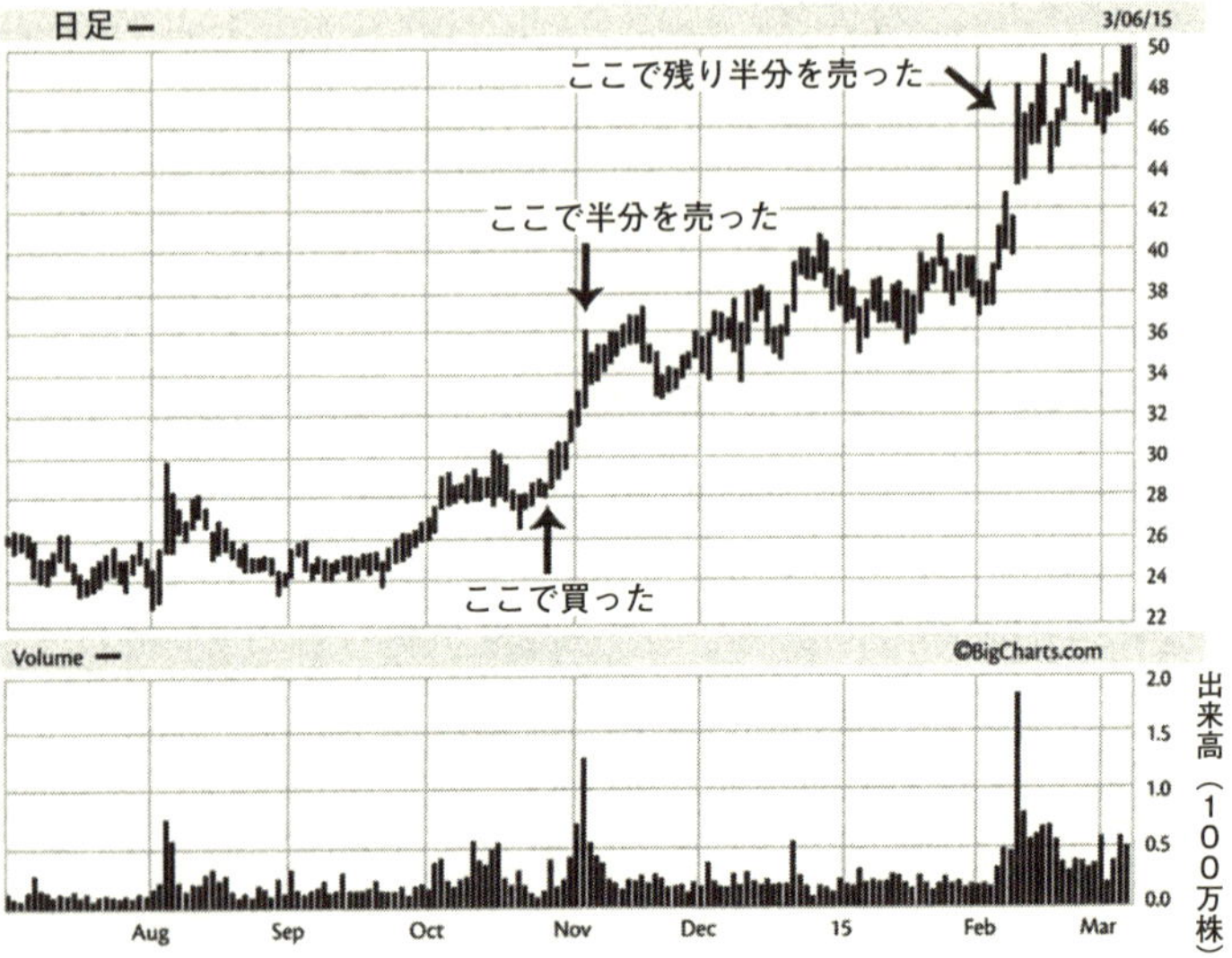

最近の負けトレードはルルレモン・アスレティカ（LULU）でした。それが六八ドルの水準を上にブレイクし始めたので、私は二〇一五年二月二七日に買いました。しかし、その後は上昇が続かずに前週の安値を割って引けたので、二〇一五年三月三日に手仕舞いました（**図9.8**を参照）。皮肉にも、ゴールドマン・サックスはその三日後に格下げを発表しました。そうしたことが起きるということを、相場のほうが事前に知っているように見えるのを目撃すると、いつも何かを感じずにはいられません。

質問9の3　どれくらいの時間枠でトレードをしますか？　また、通常はモメンタム銘柄をどれくらいの期間、保有しま

図9.8　ルルレモン・アスレティカ（2015年）

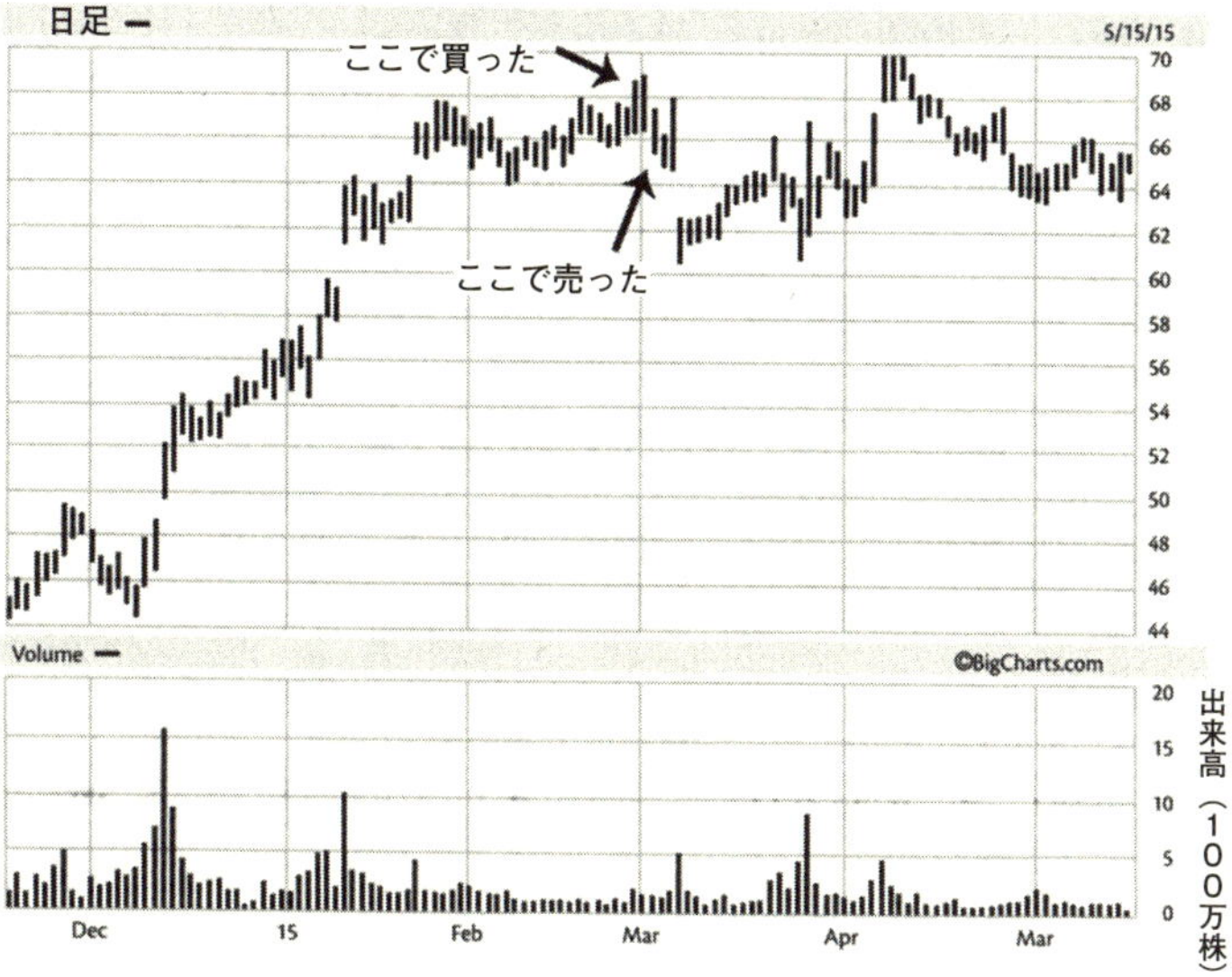

すか？

ミネルヴィニ　平均すると、利益が出た銘柄は損をした銘柄よりも二～三倍長く保有しています。勝ち株は2～3四半期、持ち続けることがありますが、何年も持ち続けることはめったにありません。大きく値上がりする株で最も上昇幅が大きい時期は通常、一二～二四カ月以内です。タイミングを適切に計ることができれば、そういう時期を効率良くとらえることができます。私は複利でお金を増やすことを目指しているので、短中期で売買を繰り返します。相場がかなり大きく調整しているときに持ち続けることは、めったにありません。

ライアン　値上がりした銘柄の保有期間は数週間から数カ月で、値下がりした銘柄の保有期間は数日から二～三週間です。私にとって最高の銘柄はすぐに上げるものです。そして、最大の勝ち株を最も長く保有します。勝ち株はできるだけ長く持ち続けたいのです。デイトレードはしません。私は株を買ったあと、きれいな上昇トレンドが続くかぎり持ち続けるほうがずっとうまくいくのです。その期間は数週間か数カ月で、一年以上のこともあります。今日の相場環境では、通常は数週間か数カ月です。特定の期間へのこだわりはありません。買った翌日に損切り水準まで下げたら、その銘柄をすべて売ります。

ザンガー　保有期間は通常、市場全般の強さと、強気相場が始まったばかりなのか、かなり長く続いているのかで決めます。一般的に、かなりの強気相場のときにしっかり上昇している銘柄でも、保有するのは九〇日以内で、それよりずっと短いこともよくあります。負け株は一日、最大でも二日で切ります。

リッチー二世　平均保有期間はトレードごとに異なりますが、この五年間では含み損になったトレードは平均でわずか二～三日、含み益になっているトレードは平均で八～九日でした。私は含み損になったらいつも素早く手仕舞いますが、利食いではめったに同じやり方をしません。私の場合、仕掛けるときはいつも短期トレードとして始めます。そして、値動きとその状況をどの程度気に入っているかで、ポジションの保有期間を決めることが多いのです。買ってすぐに大きく上にブレイクしたら、もっと大きく上げるほうに賭けようとします。最も良い状況では必ずすぐに利益が得られるように思えるからです。

質問9の4　持ち株が下げているときに買い増しをすることはありますか？

ミネルヴィニ　まず、ありません。私が含み損になっているポジションを買い増すのは、押し目買いをするときだけです。そのときでも株価が上昇に転じていて、最初に買った水準のほぼ近くまで上げている場合に限ります。私が大きな含み損を抱えている銘柄を買い増すことはけっしてありません。

ライアン　私は含み損を抱えているポジションの買い増しはけっしてしません。すでに判断を誤っているのに、買い増しをして状況を悪化させる理由などありません。私はポートフォリオに含み損を抱えたポジションがあることには我慢できないのです。それらはガンに似ています。つまり、損失は切るべきものであって、増やすべきものではありません。ポートフォリオの資産は絶えず、含み損を抱えている銘柄から含み益になっている銘柄に乗り換えていくべきです。

ザンガー　値下がりしている銘柄はもっと下げるかもしれないので、下げているときに買い増すことはありません。私はそんなことはしません。実際には、ある銘柄が下げていれば、私はむしろポジションを減らすほうです。私が買うときには弱さではなく、強さを探すのです。

リッチー二世　私はナンピン買いは絶対にしません。

質問9の5　買値をどれくらい上回ったら、上げすぎたのでもう買い増しはしないと考えるのですか？

ミネルヴィニ　買いのポイントを二～三％超えたら、私は放っておきます。私は買うべき適切な水準ぴったりでポジションを取ることを目指しています。上げている銘柄を追いかけることはありません。

ライアン　強い上昇相場の最中であれば、最初の買いのポイントから一〇％上までなら買います。市場の動きが弱く、上昇が数日続く銘柄があまりないときには、最大でも五％上までです。

ザンガー　その銘柄が最近のベースを上にブレイクして二〇％以上も上げたら、どんなに魅力的に思えても買い増しをしようとは思いません。ベースからのブレイクアウトに比べると、うまくいく確率が低いからです。

リッチー二世　テクニカル面でどう見えるかによりますが、通常はブレイクアウトの水準から五％以上も上げてしまったら、保ち合い圏でないかぎり買い増しはしません。

質問9の6　大きな含み益がある持ち株に再びセットアップが整ったら、買い増しをしますか？

ミネルヴィニ　しますが、通常は前に買ったときよりも金額を減らします。平均取得価格を上げたくないからです。

ライアン　します。株価が一〜二年で何倍にもなり、その過程でベースをいくつか形成するときに、大金が得られるのです。

ザンガー　含み益が大きくなったら、私はその銘柄が再びセットアップを整えるずっと前にすべて売っているでしょう。しかし、二度目のブレイクアウトでは、前よりも高くなっているので、買う金額を減らすでしょう。たいていは最初のブレイクアウトが最も良いのです。そのときにはまだ機関投資家がその銘柄を十分に保有していないため、株価を押し上げる大きな需要の背後に彼らがいるからです。

リッチー二世　かなり大きく上げている銘柄を保有しているときに、セットアップが新たに整ったら、私は間違いなく買い増しをします。ですが、通常は保有し続けたい中核ポジションを増やすか減らすかします。例えば、三〇～五〇％上げるだろうと思っていた銘柄が、ほんの二～三日で一五～二〇％上げたら、一部を売るかもしれません。そして、その銘柄が横ばいをするか無理なく押すかすれば、また買うでしょう。私は大きく上げた銘柄のポジションをすべて維持したまま、上値で多額の買い増しをすることはありません。

質問9の7　大きな含み益があっても課税されるので売りたくないときに、その含み益を守るか利食いの手段としてや、単に相場が少し押すと思っているときに、プットオプションを買うことはありますか？

ミネルヴィニ　まず、ありません。ヘッジ目的で主要株価指数のベア型ＥＴＦ（上場投信）を買うことはときどきあります。それはポートフォリオに多くの銘柄を保有しているけれども、それらの多くを売ってイクスポージャーを一気に減らすのは避けたいというときです。しかし、私は少数の銘柄だけに集中しているほうが好きです。そうすれば、複雑な手段を用いずに、イクスポージャーを素早く増減できるからです。

ライアン　めったにありません。私は物事を単純にしておくように努めています。ある銘柄を買ったら売り、空売りをしたら買い戻します。ときどき、オプションを買うことはあります。

ザンガー　ＩＲＳ（米内国歳入庁）の規則では、私は「時価評価」のトレーダーに当たるので、各年の一二月三一日にすべての損益を集計して申告します。そのため、年末に税金を理由にヘッジをするのは無意味です。また、私は主に短期トレードをしているので、一般所得よりも税率が低い譲渡益として認められるほど長く保有することはけっしてありません。そのため、節税目的でのヘッジはまったくしません。また、相場の押しに備えてヘッジすることもけっしてありません。

リッチー二世　まず、私は「節税目的」でトレードのやり方を決めることはありません。短期的なトレードをするのに、税金を考慮しても無意味です。特にプットオプションについては、ロングポジションのヘッジとしてプットを買うことはありません。ロングに偏りすぎているか、含み益が膨らみすぎていて心配なときには、不安がなくなるまでポジションを減らします。

質問9の8　利益目標に達したとき、トレイリングストップを使って段階的に手仕舞っていきますか？

ミネルヴィニ　かなりの含み益になっているときには、その銘柄が下げに転じて損切りの逆指値に引っかかってからではなく、勢いよく上げているうちに売るのが普通です。私の「半分を売るルール」はどっちに転んでも勝つ解決法です。ポジションを維持すべきかどうか迷っているときには、半分を売れば、どっちに転んでも心理的に勝ったと思えます。上げたら半分を残しておいて良かったと思えるし、下げたら半分を売っておいて良かったと思えるからです。株価がどちらに動いても、自分は正しいのです。その銘柄を本当に気に入っていたら、半分を売って、損切りの逆指値を損益ゼロの水準に引き上げることもあります。そうすれば、残り半分では最悪でも損をしないで済みます。

ライアン　それはどういう上げ方かによります。上げ足が速ければ、勢いがあるうちにある程度売り、残りのポジションに対する逆指値を引き上げるかもしれません。着実な上昇トレンドを形成していたら、その銘柄が上げるにつれて逆指値を引き上げていき、逆指値に引っかかったら一気にすべてを売るでしょう。

ザンガー　私はトレイリングストップは使いません。通常は上げている日に売って、天井を付ける前にすべて手仕舞うか、ポジションを大きく減らしていたいのです。すべてを手仕舞っていないときには、二一日移動平均線などを下抜けしたときに残りを売るかもしれません。大きなポジションを取っているか、薄商いの銘柄をトレードしているときには、出来高にかかわらず下げている日に売るよりも、大きく上げてから出来高が急増した日にポジションを減らすほうがはるかに簡単です。

リッチー二世　私はポジションを段階的に減らしていきますが、トレイリングストップは使いません。私は直近の価格よりも下に逆指値を置く典型的なトレイリングストップは使いません。しかし、頭の中では損切りの水準を設定していて、損が膨らみ始めたらその水準でポジションの一部を売るかもしれません。理想的には、上げているうちに手仕舞っていきます。

質問9の9　日中に相場を監視し続けることができない場合、トレイリングストップを使うべきでしょうか？

ミネルヴィニ　ええ、そうしたほうが良いでしょう。ただし、早いうちから値動きを抑えすぎないようにすべきです。含み益がかなり大きくなってから、逆指値を近くに置けばいい。放物線を描くように急上昇しているときには、私は損切りの逆指値をかなり近くに置きます。上昇が急であればあるほど、押しも深くなりがちだからです。

ライアン　毎日か一日おきに株価を確認して、必要なら逆指値を引き上げるべきです。私は直近の株価の何パーセントか下にトレイリングストップを置く手法を一度も使ったことがありません。しかし、移動平均やトレンドライン、出来高を使って逆指値を置いています。今は技術が発達しているので、携帯電話で逆指値を確認して、それを変えたければ簡単に変えられます。

ザンガー　機械的に引き上げられる損切りの逆指値をほかの大衆と同じように使うと、たいていはマーケットメーカーが人為的に株価を下げて、逆指値が集中しているところに持っていかれます。私は一九九〇年代の初期にこの逆指値を試しましたが、いかに簡単に安値で売らされるかが分かってからは、二度と使っていません。持ち株を常に監視しておき、市場全般の動きを把握しておくことは、どこで手仕舞うのが最も良いのかを判断するために絶対に必要です。繰り返しますが、私は自分が注目している水準の下抜けを損切りの逆指値に利用します。ですが、そのときの相場に対する私の読みに関係なく機械的に逆指値を置いておくことはけっしてありません。

リッチー二世　これは実は、自分のプランと、ポジションが特定セクターにどれくらい集中しているかによります。あるセクターに集中してポジションを取っているのならば、大きな損失を被らないために、何らかの逆指値で守っておく必要があると思います。ポートフォリオの集中度合いは実際の市場の水準に比例しているべきだという主張もおそらくできるでしょう。ですから、マーケットを見れる時間が少ない人ほど、一セクターへの集中を避けるべきです。大きなポジションを取っていないときには、必ずしも損切りの逆指値を置く必要はないと思います。ただし、いざというときのために、少なくとも日中に電子メールか携帯電話でアラートを受け取ることができるようにしておいたほうがいいでしょう。

質問9の10　株価が利益目標に近づいたら、損切りの逆指値を調整しますか？　つまり、損切りの逆指値を損益ゼロの水準まで引き上げますか、それとも最初の水準のまま動かしませんか？

ミネルヴィニ　早々とトレードから追い出されないように、私はいつも損切りの逆指値をもっとうまく使おうと取り組んできました。株価がかなり上げたら、私は逆指値を少なくとも損益ゼロの水準まで確実に動かします。大きな含み益を含み損に変えるつもりは少しもありませんから。私は買った銘柄がとっているリスクの何倍かまで上げるか、自分の平均利益を上回ってから、含み益を守ります。そこまで上げないうちは、逆指値を損益ゼロの水準まで引き上げないのが普通です。

ライアン　私は損切りの逆指値をトレード方向にしか動かしません。それで、五％以上上げたら、買ったときのままではなく、時には損益ゼロの水準か少なくともその近くまで逆指値を動かします。最初に買ったときよりも損が増えるように逆指値を動かすことは、けっしてありません。

ザンガー　通常は事前に利益目標を設定せずに、株価が上げるにつれて段階的にポジションを減らしていきます。一般に、二～三カ月上げ続けていたら、その期間内にポジションを少なくとも五〇％減らしているでしょう。また、決算発表前にはすべて手仕舞っています。

リッチー二世　通常は事前に利益目標を設定しません。しかし、少なくとも強気相場では通常、平均利益よりも少ないところで利食いをしようとは思いません。ですから、平均利益を上回っていたら、逆指値を損益ゼロのところまで引き上げます。私の哲学やトレードプランからして、平均を上回る含み益になったのに、それを含み損にしたくはないからです。

質問9の11　トレードでは価格目標を設定して、目標に達したら一部を利食いしますか、それともチャートで売りシグナルが点灯したときにだけ売りがちですか？

ミネルヴィニ　私はめったに価格目標を設定しません。私はチャートを見るほかに、とっているリスクと比べてどれくらい上げたかを見ます。リターンがリスクを上回りそうだと思うときに買い、下げるリスクのほうがリターンよりも大きそうだと思ったときに売ります。リスクの何倍か——通常はだいたい損切りの逆指値の二～六倍——の含み益が得られたら売るかもしれません。その時点で、バックストップ（含み益を守るための逆指値）を置きながら上昇についていきます。

ライアン　私はチャートがサポートラインを下に抜け始めたときに、売ることが多いです。価格目標を設定することには問題があります。最も良い銘柄は結局、たいていだれの予想をもはるかに超えて大きく上げるものです。二〇％の利益を取ったときには気分が良くても、その銘柄がその後に三〇〇％上げたらとても悔しく思うかもしれません。とは言え、「はるかに超えて」の程度は最初の上昇がどれくらい素早いかや、その会社の収益がどれくらい大きいのか、あるいは市場全般の動きがどうかによって変わるものです。

ザンガー　価格目標のまずい点は、八〇ドルを目標として設定した銘柄が一二〇ドルまで上げたら、大きな上昇をとらえ損なってしまうところです。私は過去に価格目標を設定していたことがありますし、おそらく今後も再びそうすることがあるだろうとは思いますが、値動きは私の目標を超えていくでしょう。価格目標は過去の値動きか統計に基づいて設定されますが、それは多かれ少なかれ平均的な値動きです。大金が得られる真の勝ち銘柄は平均をはるかに超えるものです。価格目標を設定するのは、せっかくゲートに入った勝ち馬を撃ち殺すようなものです。

リッチー二世　強気相場で売るときには、最小限の価格目標は自分の平均利益を超えていることで、それは通常、とっているリスクの二倍以上の上昇です。しかし、一般に私は一定の目標を設定して利食いすることはありません。私は値動きを見たいし、その値動きがポートフォリオのほかの銘柄か監視リスト内の銘柄と比べて強いか弱いかを見たうえで判断したいからです。

質問9の12　動きが弱い銘柄は損切りの逆指値に引っかかる前に売りますか？　どういう理由があれば早く売りますか？

ミネルヴィニ　私は買った直後に「違反」を探すリストを作ります。買った銘柄の出来高がブレイクアウトしたときには少なく、下げたときには多ければ、それは違反リスト入りです。支えとなる値動きもなく、三日か四日続けて安値を切り下げたら、それも違反リスト入りです。二〇日移動平均線か、もっと悪い場合は五〇日移動平均線を終値が下回ったときも同じです。ブレイクアウトに続けて二～三日上げ続けずに、上げる日よりも下げる日のほうが多ければ、それも同じです。これらの違反が増え始めたら、損切りの逆指値に引っかかる前でも、手仕舞うかもしれません。

ライアン　ええ、いくつかの要素が理由で、損切りの逆指値に引っかかる前に売ることがときどきあります。主要株価指数が下げに転じそうか、同じ業種内に状況の変化を示す銘柄がある場合です。また、その銘柄のレラティブストレングスの値が下がっていて、もっと値動きの良い持ち株に資金を移せる場合すらあるかもしれません。私は持ち株が上げるまで待ちたいほうですが、あまりにも横ばい期間が長いものに資金を寝かせておきたくはありません。通常は市場全般の弱さが主な理由ですが、同一の業種が弱いか、決算発表後に下げる銘柄が多すぎることが理由の場合もあります。

ザンガー　市場全般が下げに転じた場合が、大きな理由のひとつですね。持ち株が上げ止まるか、監視している移動平均線の一つか上昇トレンドラインを下に抜ける場合も、手仕舞いのシグナルになることがあります。私は動きが悪くなっていると判断した銘柄はすぐに売ります。動きが悪い銘柄は下げに転じるのが速く、値動きの良い銘柄に資金を移せなくなりやすいからです。それらはすぐに売ってしまい、それよりもずっと値動きが良い銘柄に資金を移すか、現金のままでいるほうが一番だということを学びました。

リッチー二世　ええ、ほかに買い増したい銘柄があるのに、ポートフォリオ全体のリスクを増やしたくないときに、ブレイクアウトしたあと上げが続かない持ち株があれば、それを売ってほかの銘柄を買い増すこともあります。また、持ち株がブレイクアウト後、期待どおりにすぐ上げずに横ばいをすれば、いったん切るかもしれません。再びブレイクアウトしたときに、買い直せると分かっているからです。

また、例えば五銘柄のポジションのうち、三～四銘柄が損切りの逆指値に引っかかり、市場全般が非常に弱く、機関投資家が主要株価指数を売り抜けている兆候があるうえに、私の監視リストのほかの銘柄も弱いとします。そんなときには、残りの持ち株が事前に決めていた損切り水準に達する前にすべて売り、現金化しようと決めるかもしれません。

質問9の13　単に勘違いで判断ミスをして買ってしまったために、売ることはありますか？

ミネルヴィニ　もちろんです！　トレードでは間違えたと分かった瞬間に、正すべきです。私が増やそうと心がけているのは間違いではなく、お金のほうです。間違えたと分かっているのに、持ち続ける理由はありません。

ライアン　ええ、投資家が持てる最も重要な特質のひとつは、間違いを認めて、できるだけ損が小さいうちに切る能力です。相場で自尊心に強くこだわっていると、損失が大きく膨らみます。間違いを認めるだけの柔軟性がなく、市場に逆らえば、損失は深刻な額になります。ほとんどの医者は投資が下手です。それは医者が自分の仕事で間違いを認めると、訴えられる恐れがあるので、間違いをめったに認めることができないからです。

ザンガー　もちろん、あります。そういうボロ株はさっさと売って、大きく上げる銘柄に素早く乗り換えるほど、ぐっすり眠れます。

リッチー二世　そういう経験をした覚えはありませんが、本当に愚かな判断で買ったら、迷わずすぐに手仕舞うでしょう。

質問9の14　市場の上昇トレンドに変化がない場合は特にですが、大幅に上げたあと押し始めた勝ち株をいつ売るべきかを、どのように決めるのですか？

ミネルヴィニ　何パーセント下げたら売る、と決めてはいません。私の基本ルールは、かなりの含み益が得られたら、それをけっして含み損に変えないことです。持ち株があまり上げていないうちは、最初の損切りの逆指値を維持しています。しかし、含み益がかなり大きくなったら、それを守る態勢に入ります。つまり、かなり上げたら、含み益の相当部分を逆指値で守るのです。相場が強いうちに、私はすでに売っていると思います。それが私の好む手法です。

ライアン　通常は何パーセント押したら売ろうと思うのではなく、テクニカルかファンダメンタルズに変化があったときに売ろうと考えます。特にかなり含み益があるポジションに言えることですが、基本的に私は一発勝負ではなく、ポジションを段階的に増やしたり減らしたりします。ある銘柄がすでに大きく上げていて、押し始めそうであれば、ポジションの一部を売るかもしれません。でも、先導株と思える銘柄のポジションをすべて手仕舞いたくはありません。すべてを売ってしまえば、その後の上昇を逃すこともあるからです。

ザンガー　それは実は多くの要因によって変わります。その銘柄は私のポートフォリオの何パーセントに当たるのか、上昇トレンドラインはチャート上でどれくらい急角度なのか、どれくらい上昇したのか、どれくらいの流動性があるのか、といったことです。上昇角度が急であるほど、また、ブレイクアウトの水準から大きく上げているほど、私は下げる余地を減らします。例えば、その銘柄が三〇度の上昇角度で上げていて、ポートフォリオに占める割合があまり大きくなければ、かなり大きく下げてもいいように逆指値を調整するでしょう。お察しのとおり、私はチャートでの上昇が急であるほど、ボラティリティ（価格変動率）が高いと見ているのです。

多くのトレーダーは売る水準に、一〇日単純移動平均線の下抜け――私もたまに使います――か、二一日単純移動平均線の下抜けを使います。両方とも効果的で、私もほかの人もよく使っています。また、急な上昇トレンドラインの下抜けかキーリバーサル（包み足）を使うこともあります。私が一つのツールに縛られることはけっしてありません。私はツールボックスをいつでも開けていて、状況に合わせて適切なツールを使うのです。

リッチー二世　私の考えでは、これはスイングトレードで難しい部分のひとつです。自分にとって最大の利益が得られた銘柄は、利食い後にさらに大きく上げることが多いからです。これに対する答えは、私が「正常な」値動きと呼ぶ下げ幅をどれくらいまで引き受ける用意があるかによります。例えば、押しもなく大幅に上げたら、押しの幅が深くなっても正常と言えます。そのときに我慢し続けるのがいやなら、落ち着いて保有し続けられる水準までポジションを減らす必要があります。

理想的には、私は厳密に何パーセント押したかではなく、押したときの出来高を見ます。しかし、ある銘柄が押しもなく二〇％以上上げたら、上げ幅の三分の二以上も下げるのはおかしいです。また、下げが急であるほど、素早い上昇を期待します。値動きはどれだけ押したかに関係なく、常に上昇によって確認すべきです。また、理想的には出来高と合わせて見るべきです。ある銘柄が平均以上の出来高で押したあと横ばいするだけならば、今は少なくとも機関投資家による買い集めは行われていないことが分かります。

質問９の15　上げているうちに利食いするのと、利益を大きく伸ばすのとの境目をどうやって見分けるのですか？

ミネルヴィニ　私は高値での売りには関心がありません。そんなことはめったにできないのです。私が売るのは、とっているリスクに比べた予想リターンがプラスからマイナスに変わったと判断したときです。強気相場が新たに始まったころに上げた銘柄は、利益が伸びるのに任せることが多いです。しかし、一般的にスイングトレードでは、ポジションの三分の一から二分の一ずつ手仕舞い、最大で七五％まで手仕舞ったら、残りはさらに大きな上昇を狙って持ち続けます。市場の新たな先導株を売るときには、五〇日移動平均線をトレイリングストップとしてよく利用します。

ライアン　それはその銘柄がどれくらい強かったかで、主観的に判断することです。すでに一年以上も上げたあと、わずか二～三週間で三〇％の上昇という最高潮の動きをしたら、私は間違いなく売り始めるでしょう。長期の横ばい圏を初めて上放れたときには、保有し続けるでしょう。

ザンガー　私にとって、それはすべて値動き次第です。一～二週間、急騰したあとに急落する銘柄もあれば、さらに何カ月も上昇し続ける銘柄もあります。値動きが速い銘柄は、どっちに転んでも勝てる状況になるまでポジションを減らすのが一番だと思います。つまり、ある銘柄が急上昇したので、ポジションの五〇％を売ったとします。その後に初めて買った水準まで下げたときに残りのポジションを売っても、まだかなりの利益を確保できます。一方、急上昇後に五〇％手仕舞ったあと、その銘柄が上げ続けても、私はまだ残りの五〇％で勝ち続けています。

リッチー二世　私は両方のバランスを取ろうと心がけています。ここでは、自分のトレードの尺度に基づいた、合理的な期待値が頭に入っていることが重要だと思います。利益をさらに増やそうとしている中長期の投資家はすべて、ある程度は勝ち株に乗り続ける必要があります。

しかし、どこまで、どれくらいの期間、乗り続けるかが問題です。カギは全トレードを合わせた期待値がプラスになるように、含み損になった銘柄よりも含み益になっている銘柄を長く持ち続けることです。非常に小さな含み損で損切りをしている人は、上昇に二～三日乗るだけでも、上げているうちにそれらの大半を売るでしょう。勝つために上昇のすべてをとらえなければならないと考えてはいけません。平均的な損失を相殺して余りあるほどに、上昇期間の一部をとらえればいいのです。上げている間に売ると、それが可能になることが多いはずです。

質問9の16　スイングトレードで利食いをしていくのではなく、大きな上昇を狙って保有し続ける時期はありますか？

ミネルヴィニ　まず、自分のトレードスタイルを決めるべきです。トレーダーになるのか、投資家になるのかをです。ポジションを増やしたり減らしたりしながら、トレードをすることはできますが、自分のスタイルを決めていないと、イライラするはめになります。売った銘柄が上げたら、持ち続けなかったことで自分に腹が立ち、持っていた銘柄が下げたら、売っていれば良かったと思うのです。カギはかなりの利益を得ることと、損失を利益よりも小さくしておくことです。新たな強気相場の初期は、保有し続けるのに最も適した時期です。そして、強気相場の後半――通常は数年後――は、短期でトレードをして上げているうちに売るのが最もふさわしい時期です。

ライアン　強気相場が新たに始まり、ポートフォリオに先導株がいくつか含まれているのなら、長く上げ続けることを狙って保有し続けるべきです。一方、すでに長く上げ続けていて、その間に何度もベースを形成していたら、その上昇だけで利食いを考えたほうがいいでしょう。

ザンガー　ＦＲＢ（連邦準備制度理事会）が利下げを始めたときは、株価の上昇トレンドに長く乗ることを心がけます。もちろん、二〇〇一年のような大暴落でなければの話です。そのときには巨大なバブルがはじけたあとに、ＦＲＢは利下げを始めましたが、株価は下げ止まりませんでした。ナスダックは八〇％も下げました。当然、私はそれに応じて戦略を切り替えました。

リッチー二世　これは私が改善をし続けているところですが、通常はある状況になったら保有し続けようとします。それが仕掛けるときに価格目標をできるだけ決めない主な理由のひとつでもあります。買うときにまず見たいのは値動きです。最もうまくいったトレードでは、ほとんどすぐにプレッシャーから解放されることになります。タイミングが完璧であれば、買った価格を一度も下回らないかもしれません。大きな上昇を狙って保有し続けようと考えるときは、それが何よりも重要です。ほかに見る要素としては、どういうテクニカルパターンから上げ始めたのか、時価総額がどれくらい大きいのか、フォローしている機関がどれくらいあるか、利益と売上高はどうか、どういう業種に属しているかなどです。

質問9の17　タイムストップ（保有期間を決めて手仕舞うこと）を使うことはありますか？

ミネルヴィニ　私のタイムストップはたいてい、最初の仕掛けと私が起きると思っていることに基づいています。例えば、通勤で毎朝六時五分に乗る電車がまだ来ないまま、すでに七時四五分になっていたとします。すると、おそらく何かあったのだろうと考えられます。トレードでは、それは私の推測と実際に起きたことに基づいています。例えば、私は電車が定刻に来ると思っているとします。すると、起きると思っていたことが起きなかったというだけで、私はその銘柄を売ることが多いのです。

ライアン　使いません。私は持ち株の値動きをほかの先導株と比べて判断します。ほかの銘柄が上げているのに、持ち株が上げていなければ、レラティブストレングスの値が下がるので、最終的にはすべて売ってしまうでしょう。ですから、何日や何週間というように、期間を決めて動くことはありません。

ザンガー　その銘柄の値動きによります。ですが、トレンドが長く続いていれば、間違いなくポジションを減らします。それは考え方としてはタイムストップに似ています。

リッチー二世　ときどきですが、トレードの時間枠が短いほどタイムストップを多く使うことがあります。ですから、スイングトレードよりも、デイトレードでタイムストップを使うほうがはるかに多いでしょう。トレードの時間枠を長くするほど、価格に基づくストップ注文に従う傾向があります。

質問9の18　決算発表が近づいているときには、ポジションをどうしますか？　発表前から発表後まで持ち続けるのか、ポジションを減らすのか、すべて売ってしまうのか、それとも持ち続けていて、ギャップを空けて損切りの逆指値を下回ったときに大急ぎで売るのでしょうか？

ミネルヴィニ　持ち続けるときもあれば、手仕舞うときもあります。科学のように厳密なものではありません。含み益がなければ、特に普段よりも大きなポジションを取っているときには持ち株数を減らします。私はけっして大きなポジションを決算発表日まで維持することはありません。決算発表後に失望売りになれば、まず間違いなくすぐに売ります。その後に上昇して、あとから振り返ったときに売ったのは間違いだったと分かっても気にしません。下げた時点で、私はすでに間違っていたのですから、自尊心を守ることに興味はありません。私の唯一の関心はポートフォリオの損失をそれ以上に膨らませないことです。リスクを抑えるかポジションを守るために、オプションを使うことは可能です。もっとも、私は普通やりませんが。私は決算発表のように重要なイベントがある日まで、大きなポジションを持ち続けないと決めています。

ライアン　まだ保有していない銘柄なら、決算発表前には買いません。持ち株の含み益が大きければ、おそらくポジションを減らすでしょう。含み益を守るために、プットをときどき買うこともありますが、そう多くはありません。損切りの逆指値水準をギャップを空けて下に抜けたら、寄り付き後の三〇分で上げるかどうか見ます。そして、最初の三〇分で付けた安値よりも下げたら、手仕舞います。

ある程度の下げに耐えられるほどの含み益がすでにあれば、決算発表日まで持ち続けるでしょう。また、決算発表前にはその会社のファンダメンタルズについて詳しく調べておく必要があります。決算発表前に、新しくポジションを取りたいとは絶対に思いません。決算発表日が近づくにつれて大きく上げていた場合、私はときどきポジションを減らすことがあります。その上昇は、決算が予想を上回るという期待が高すぎることを示している可能性があるからです。

ザンガー　前にも述べたように、私が決算発表日まで持ち続けることはけっしてありません。

決算発表日の前日にはすべての持ち株を売ります。そして、好決算のニュースと来期の業績見通しも良いことを受けて上げたら、そこで再び検討します。これは、その銘柄のチャートで、形が良いベースを上放れるかどうかで判断できます。こうすることで、私は大きく上昇する銘柄の初期をとらえ損なうかもしれません。しかし、決算内容が予想を下回り、ギャップを空けて二〇ドル下げて八〇ドルになる銘柄を避けることほど、気分が良いことはありません。決算発表日まで持ち続けて、お金を損したうえに心理的にも打撃を受けるリスクを考えると、ときどき利益が得られるくらいではほとんど割に合いません。実際には、決算が誤って早く出る場合に備えて、私は発表日の丸一日前に売っています。

リッチー二世　私は大きなポジションや含み損を抱えている銘柄をけっして持ち続けません。私には目を通す一種のチェックリストがありますが、私が最も重視するのは大きなポジションを取らないことと、持ち株にすでに含み益があることです。含み益がなければ、その時点でポジションが非常に小さくないかぎり、まず持ち続けません。また、損切りの逆指値水準をギャップを大きく空けて下げたら、普通はとにかく売ります。カギとなる水準近くかそのすぐ下までギャップを空けて下げたら、それがサポートになるかどうか少し見守るかもしれません。ですが、通常は上昇したときに売ろうとします。

質問9の19　限度いっぱいまで投資しているときに、新しい銘柄にセットアップが整ったら、今のポジションを手仕舞いますか？　そうであれば、最初に何を売りますか？　含み益が最も大きい銘柄ですか、それともパフォーマンスが最も劣る銘柄ですか？

ミネルヴィニ　新しくブレイクアウトした銘柄を買うために、大きく上げた銘柄を売ることもあります。しかし、短期的に大きく上げたというだけで強い銘柄をすべて売ってしまわないように注意すべきです。最も強い銘柄はさらに大きく上げることが多いからです。最も強い銘柄については、私はたいてい、さらなる上昇を狙って一部を保有し続けます。含み損の持ち株があれば、通常はまずそれらの銘柄を売ります。それらが損切りの逆指値に引っかかったら、自動的に現金が得られます。

ライアン　常にパフォーマンスが悪い銘柄から切ります。しかし、ある程度は我慢して、その銘柄が上げるかどうか様子を見るべきです。ほかの銘柄が上昇トレンドにあるのに、その銘柄が横ばいを続けているのなら、やがてほかのすべての銘柄に対してレラティブストレングスの値が下がるので、手仕舞うことになるはずです。ポートフォリオの銘柄は常に、上げ始めている銘柄に入れ替えていくほうがいいのです。

ザンガー　すでにかなり上げていて、その期間も長いときには、ポジションを減らすこともあります。また、出遅れ株を完全に切って、新しく見つけた銘柄の試し買いをして様子を見るかもしれません。もちろん、最も弱い銘柄から切ります。

リッチー二世　そうするときもありますが、それが今の状況よりも良いと判断できる場合に限ります。その意味で、私は新たなポジションを取るために、勝ち株を売ることはけっしてありません。新たに取るポジションはすでに含み益があるポジションよりもリスクプレミアムが高いはずですから、リスクが高い銘柄を買うために、それよりもリスクが低い銘柄を手仕舞うことになります。これは私には理屈に合っているとは思えないのです。わずかしか上げないか、上げが続かないポジションの一部を売ることはあります。しかし、それが再び上げてブレイクアウトしそうなら、そのポジションを再度買い直すプランを持っていることが多いです。

質問9の20　ほんの数日か二～三週間で二〇％以上も急上昇したら、そのポジションをどのように管理しますか？

ミネルヴィニ　その銘柄が本当に強ければ、まだ売らないでおこうとします。一部を利食いして、残りを持ち続けるかもしれません。前に言ったように、短期間に大きく上げたというだけで本当に強い銘柄をすべて売らないように注意すべきです。強気相場の初期には特にですが、非常に強い銘柄は大きく上げ始めようとしている先導株かもしれないからです。

ライアン　私はそれらを持ち続けます。そういう強さを示す銘柄はたいてい先導株なので、長期での値動きをとらえようと心がけたほうがいいのです。

ザンガー　通常は上げているときに一部を利食いするのが、私の管理法です。トレード初心者の大きな問題は、この一つの銘柄でお金持ちになれると思い込む人が多い点です。彼らは買い増しを続けるか、あまりにも長く持ちすぎるのです。これらの急騰銘柄の多くは、相場の終わり近くに現れるイグゾースチョンギャップによることもあります。いずれにしろ、私は二〇％の利益が取れる水準辺りで一部を利食い売りして、残りで利益を伸ばそうとします。前に述べたように、私は二一日単純移動平均線などのさまざまな損切りの逆指値戦略を守ります。

リッチー二世　定義上、これらはたぶん、大きな上昇を狙って私が持ち続けたいポジションですが、それでも、こうした上昇の間に一部を段階的に利食いしていくでしょう。そうすれば、ポジションの一部で大きな利益を得ているので、残りは本当に心強いポジションになるからです。それで、上昇が止まったら一部を利食いしていて良かったと思うし、さらに大きく上げたら一部を残しておいて良かったと思えるのです。

質問９の21　うまくいっているトレードをどのように管理しますか？　どういう種類の売りシグナルを使いますか？

ミネルヴィニ　利が乗っているトレードの手仕舞いを示唆するもので、注目しておくべきものはたくさんあります。肝に銘じておくべきことは、高値で売ることはまず不可能だということです。トレードでの成功とは、高値や安値をとらえることではありません。目標は買値よりも高く売ることとです。とったリスクよりも多くの利益を得ることであり、しかもそれが繰り返しできるようになることとです。

取ったポジションでかなりの含み益が生じたら、私はその時点でしばしば損切りの逆指値を損益ゼロの水準まで引き上げます。そして、通常は上げているうちに売ることを目指します。トレイリングストップは好みませんが、私はよく「バックストップ」を設定します。これは含み益の一定割合を守りつつ、その水準を超えているかぎりトレードが続けられる逆指値です。その水準から大きく上げたら売るか、バックストップを引き上げるかもしれません。その銘柄が上げるにつれてバックストップを近づけていき、やがては値動きを抑えて利食いをします。

ライアン　かなりの含み益が得られて、それが先導株と思えたら、さらに上げる余地を残します。最初に買うときには、八％下に損切りの逆指値を置きます。その後、それを損益ゼロの水準まで引き上げます。その銘柄がさらに上げたら、私は含み益を守る水準として移動平均線やトレンドライン、保ち合い圏を使います。

　そして、大きく上げたら、値動きに変化がないかを見ます。下げているときに出来高が増えて、上げているときに出来高が減っていないか。最後に形成されたベースを下回っていないか。五〇日移動平均線か二〇〇日移動平均線、あるいは最近の上昇トレンドラインを下回っていないか。私が探す変化のほとんどは事実上テクニカルに関するものです。私はその銘柄の値動きに焦点を合わせるからです。

ザンガー　うまくいっているトレードの管理とは、売りシグナル——出来高を伴って上昇する非常に急なトレンドラインか、二一日移動平均線か五〇日移動平均線を下に抜けるなど——が点灯するまで利益を伸ばすということです。私が好んで使うのは二一日移動平均線か、非常に急な上昇トレンドラインの下抜けです。

リッチー二世　私には決まった売りシグナルはありません。何よりも重要なことは、最初にとったリスクに比べて株価がどの位置にあるかです。リスク額の何倍かの含み益が得られていれば、利食いをしたほうが良い兆候があるか探します。日足で長大陽線か、新高値を付けた日の安値引けがあるか。これらは私がときどき探すものです。また、株価が移動平均線からどれほど離れているかも確かめます。あるいは、その銘柄の上昇トレンドラインよりも上かその近くで、上げ足を速めていれば、それはしばしば一部を利食いすべきシグナルです。

私は最初にとったリスク額の少なくとも二倍の含み益がなければ、けっして上げているうちに売ることはありません。これは私のトレードの長期間の統計に基づいています。株価がこの水準を超えたら、含み益の一部かすべてを利食いすべきかを決めるためのリストを使います。このリストには、私がその値動きをどれくらい良いと見ているか、私のトレードが全体としてどの程度うまくいっているか、その銘柄がどの業種に属していて利益と売上高がどれくらい良いか、が含まれます。

第10章　心理

質問10の1　どうやって規律を保ち、必要以上にトレードをしたくなる衝動を抑えるのですか？　いつ様子見に徹するのですか？

ミネルヴィニ　私は値動きと自分のトレードの基準に従うことで、衝動を抑えます。トレードをしたいという衝動は私のトレードプランにはありません。一定の基準を満たさないかぎり、私はトレードをしません。ですから、私の規律に照らしてセットアップが整ったと判断したときに、トレードをするのです。そうでなければ様子見に徹します。こう言うと非常に単純ですが、それは自分の主観に惑わされずに、市場の動きにのみ従える場合に限っての話です。

ライアン　私は資産を失いたくないので、何回か続けて損を出したら、トレードサイズを小さくしていきます。下落相場か横ばい相場では、買い手側ではリスクを何もとらないほうがいい時期もあります。

ザンガー　数十年にわたって市場の猛火を観察し、そこで生きていれば、火を見たときにはそこに手を突っ込まないようになります。私は買いでも空売りでも、「ちゃぶつき」が本当に何を意味するか忘れて、やけどをしたことが数え切れないほどあります。市場の動きには異なるパターンが繰り返し現れるので、明確な教訓が得られます。ですから、市場の動きがひどくなり始めたら、様子見が必要な数週間か数カ月かは相場に手を出すべきでない、ということを直感的に身に付けています。その時期は、相場に手を出さなくても、休暇に出かけるべきではありません。相場がいつ落ち着いて正常に戻るかを知るために、毎日見守る必要があるからです。うまくタイミングを計るには、相場が揉み合っているときでさえ注意を怠らないことです。

リッチー二世　特にトレードで生計を立てようとしていて、始めたばかりの時期なら、これは非常に難しいことです。生活費を稼ぐ必要があれば、無理にでもトレードをしたくなるからです。最も簡単な解決策は、最近のトレード結果を詳しく見ておき、結果に合わせてトレード回数を調整することです。うまくいっているときには、トレードをし続けて、うまくいってないときには、トレードをより慎重に選ぶべきです。

質問10の2　トレーダーが分析のしすぎに陥らず、果断に実行できるようになるために役立つアドバイスはありますか？

ミネルヴィニ　神経質になって、トレードをいざ実行するときになって二の足を踏むようであれば、小さくトレードをすればいい。落ち着いて動ける程度まで、トレード額を減らすことです。やがて、自信を持てるようになるでしょう。ただし、しっかり損切りをして大きなドローダウン（資産の最大下落率）を避けることが条件です。大きな損失を被ると、口座の資金が減るだけでなく自信もなくすので、さらに不安が増すのです。

ライアン　何らかの方法で、明確なルールに絞り込むべきです。そして、ある銘柄が自分の設定したすべての基準を満たせばトレードをするし、そうでなければ何もしなければいいのです。

ザンガー　トレードに関するかぎり、分析のしすぎで動けなくなる問題には二つの要素があると思います。第一に、トレードを実際に仕掛けることができるかどうかという問題です。同様に重要なことですが、第二に、分析に感情が入っているために、手仕舞うべきときに自分の分析に縛られて動けないという問題です。

まず、仕掛けるべきかどうか考えすぎて動けないのならば、きっと失敗するのが怖いのです。

そのときには、小さなポジションでトレードをすべきです。プットやコールを使えばいい。本物のお金で適度なリスクをとる必要があることを何かすべきです。どんなに小さなことでも、成功すればそれが自信につながります。

第二の場合にトレーダーがしばしば動けなくなるのは、今の持ち株は非常に良いので、下へのブレイクや深押しはしないはずだ、と思い込むためです。彼らはその銘柄が上昇トレンドにあると信じ込むあまり、明らかに異常な急落をしないかぎり、さらに下げるまで動こうとしないのです。あるいは、一〇日移動平均線のような短期移動平均線を下に抜けたぐらいでは、信念が揺らがないのです。この行動まひへの対処法は単純です。仕掛ける前に手仕舞う水準を設定しておき、きちんとそれに従うことです。

リッチー二世　トレーダーはだれでもある程度、迷うことなく少なくとも小さなポジションを必ず取ることができる簡単な条件を持っておくべきです。まず、トレードをするためにX、Y、Zの条件を満たさないといけないというプランを作ります。次に、そうしたトレードか状況で良い結果が出たら、似たトレードをするか、すでに取っているポジションで買い増しをしながら、そうした経験を積み重ねるのです。

質問10の3　大きなポジションを取るのに必要な自信をつけるには、どうすればよいですか？

ミネルヴィニ　これも同じですが、小さなポジションから始めることです。やがて、もっと大きなポジションを取る自信がついてくるでしょう。初心者のころに自信がないのは、必ずしも悪いことではありません。自信過剰だと、リスクが非常に高いトレードをして大損をした揚げ句、自信をまったく失う可能性もあります。初めのうちは謙虚になって、トレードをするたびに自信を深めていくほうが良いのです。

ライアン　成功すれば、必ず自信につながります。小さなポジションで良い銘柄を確実に選んでいれば、次第に最初から大きなポジションを取れるようになるはずです。ですから、総資金の五％のポジションで利益が出せるようになったら、七～八％のポジションから始めるといい。私は株価が上昇するか、ベースが形成されるたびに買い増していき、そのポジションがポートフォリオの一五～二五％に達したら、それ以上は買いません。

ザンガー　何がうまくいき、何がうまくいかないかを長年にわたって見続けること。そして、決算書をきちんと読み、その業種で優位に立つ銘柄を見つけられるようになること。これらを踏まえたうえで、市場全般の動きやチャートパターンやしっかりしたベースを見る目を養えば、大きなポジションを取る自信が十分につくでしょう。

リッチー二世　成功することです。続けて勝ち株を保有するか、あるいは続けて良い値動きをとらえるだけでも、それまでよりも大きなポジションを取る自信になります。何回か続けてうまくいけば、リスクをもう少し大きくとれるだけの資金が得られるからです。ほとんどのホームラン打者はフェンス越えを狙ってバットを振っているのではありません。いつもボールをしっかりとバットの芯でとらえようとしていると、結果としてホームランが増えるのです。株式取引もほかのことと何ら変わるものではありません。ちょっとした成功をすれば、それで少しだけ強く――ここの質問では、大きく――打ち始める自信につながるのです。

質問10の4　続けて損を出したら、どうしますか？　トレードをどう調整しますか？

ミネルヴィニ　それまでよりも少ない資金でトレードをします。負けが続くほど、資金を減らしていきます。私が続けて損を出したら、それは市場全般が思わしくないのです。

ライアン　私はトレード額を減らしていきます。トレードをするペースを落として、損をすぐに取り返そうとあせらないように心がけます。場合によっては、数日か数週間、トレードを休むことすらあります。私は自分のルールを検討して、過去に何がうまくいっていたのかを見直します。また、自己分析をして、成功するのに十分なほど集中できる状態かも確認します。人生にはさまざまな出来事があり、しっかりと集中できるまでトレードを中断すべき時期もあるのです。

ザンガー　私が続けて損を出したら、相場が荒れている証拠であり、正常化するまで様子を見るべきです。それには数週間から数カ月、あるいはもっとかかることもあります。二〜三年でさえ論外とは言えません。二〇〇〇年三月から二〇〇三年三月までに、ナスダックは八〇％も下げたのですから。

リッチー二世　私がほとんど利益を出していないか、まったく含み益がなければ、トレード数を減らすかトレードサイズを小さくして、リスクを減らし始めます。四銘柄を買って、そのうち二銘柄が損切りの逆指値に引っかかったけれども、残りの二銘柄の含み益で補えていたら、私は最後まで踏みとどまります。もっとも、状況を見定めるために、その後の二〜三回のトレードは控え目にするかもしれません。

質問10の5　あなた方は長年、同じ戦略に従ってこられたようですが、自分の手法がブレるのをどうやって防いだのですか？

ミネルヴィニ　脇目も振らずに取り組むことです。一つの戦略に全力を尽くす必要があります。トレード戦略と自分との関係は結婚生活に似ています。結婚相手にいちずでなく、浮気をしていたら、結婚生活がうまくいくと思いますか。自分にとって理にかなっているシステム、つまり、自分が信じられるものを見つけたら、それにこだわり続けることです。一夜にして成功できるようにはなりません。成功するには時間がかかるし、決めた戦略にこだわることも必要です。

ライアン　ほかの手法もいろいろ試したことがありますが、成長株のトレード手法と同じほどうまくいくものは見つかりませんでした。うまくいく手法や戦略がほかにないというわけではないと思いますが、成長株のトレード手法が自分の性格に一番合っているのだと思います。

ザンガー　トレーダーはそのときどきの市況に合わせないといけませんが、モメンタムトレードのやり方自体に変わりはありません。戦略と戦術を混同するから、変わったように見えるのです。私は戦術は変えていますが、戦略は変えていません。

市場は結局のところ不変であり、繰り返し同じチャートパターンが現れます。それでも、トレーダーはそのときどきの市況に合わせないといけないのです。そのため、相場がただ押し目を付けながら上げていくのか、それとも急騰しているのかや、弱気相場のためにブレイクアウトがダマシで終わりやすいのかといった市況に合わせて、トレーダーは戦術を変える必要があるのです。また、相場が調整入りしたときに何よりも重要な戦術として、信用取引をやめるかオプション取引をすることが挙げられます。私はモメンタムトレーダーですから、市場の流れに合わせるのです。

リッチー二世　私は常にマルチ戦略の手法をいくらか取り、二日から二カ月までの短中期的な時間枠でポートフォリオを運用してきたので、この質問は私にはあまり当てはまりません。私の一日当たりの平均的な投資比率はとても低いので、ポートフォリオ内で余っている資金を使い、非常に流動性が高い先物で短期トレードをすることはあります。

質問10の6　自分に課した規律を破ったことはありますか？　集中力を欠いた原因は何ですか？　どうやって規律を取り戻しましたか？

ミネルヴィニ　私は人間であり、もちろん完璧ではないので、規律を破ったことは当然あります。しかし、破っても大したことではなく、かなり素早く元に戻ります。かつては、必ずしもそうではありませんでした。トレードを始めたばかりのころは、しょっちゅう規律を破っていました。もちろん、常に良い結果を出せるかどうかは、規律を維持できるかどうかにかかっていました。私はようやく自分がしていることを真剣に見て、今後はプランに従って、自分の失敗から学ぼうと決心しました。自分の失敗を詳しく分析して、それを頭に入れて、同じ失敗を繰り返さないように心がけたのです。

気を取られることはたくさんあります。だからこそ、ルールとプランを持っておくことがとても重要なのです。そうすれば、厳しい選択を迫られたときでも考え込む必要はなく、ただプランに従えば済むのです。私は柔軟な見方をしますが、基本理念は曲げません。テクニックや戦術は進化しますが、根本的な真実は不変だからです。

ライアン 私はかなりいろんな手法を試してきました。例えば、トレンドの転換での買いや押し目買い、フィボナッチ・リトレースメントでの買いなどの戦略です。私はウィリアム・オニール社で働いていたときから使っている急成長株投資の基本的な手法から、大きく外れたことは一度もありません。しかし、今挙げた戦略をいくらか、私のポートフォリオの一部に組み込もうとしてきました。そして、私がいつも分かったことは、利益の伸び率が大きくて最高益を更新している会社の株を買うときに、最も成功するということでした。そのやり方で過去にうまくいったし、将来もうまくいくでしょう。

ザンガー チャートを読んでモメンタムトレードをする人のほとんどは、ある時点で自分の基本プランから外れて、新しいことを試すと思います。トレードでの学習にけっして終わりはないとすれば、これは驚くことではありません。自分のことで言えば、トレードでの失敗の多くは、根底に退屈があったと思います。

ここから、もっと大きな疑問が生じます。自分のトレードの規律は別にして、健全な実験はいつ一線を越えて異なるものになるのかという疑問です。自分の考えや理解にとらわれて、現実からかけ離れることは珍しくありません。まあ、そんなときにはマーケットが応急処置を施してくれます。トレーダーをノックダウンして、鼻の下に気付け薬をかがしてくれるのです。冗談っぽく言いましたが、現実に目を向けて自分とマーケットに何が起きているかをはっきり理解するには、トレードで何回か打ちのめされるのが一番です。

リッチー二世　私は機械的に損切りをするので、その点では規律から外れることはけっしてありません。私の場合、外れることは、より広くて緩いトレードをする際に多く起きます。つまり、通常よりも不確かな基準を使うか、自分の得意分野から少し外れたものをトレードするという意味です。私の場合、これには二種類あるようです。一つは、私が連戦連勝で失敗のしようがないという気分になっているために、普段ならやらないことをやり始める場合です。もう一つは、自分の最も厳しい基準に見合う銘柄が見つからないので、無理にあれこれトレードをし始める場合です。たいていは負けて、最も得意なことに再び集中せざるを得なくなり、規律を取り戻すのです。

質問10の7　たとえ小さな損をたくさん出すことになっても、ほんの数銘柄で大勝ちするほうがいいと思いますか、それとも、前向きな考え方を維持するためには、勝ちトレード数が多いほうがいいと思いますか？

ミネルヴィニ　私はたとえ勝ちトレードの比率が低くて低打率でも、失敗を重ねながら、自分の手法で利益を上げ続けようと努力したいです。私は損が少ないうちに、損切りを繰り返すほうを選びたい。自分で調整しようがない勝ちトレードの比率をコントロールしようと試みるよりも、利益に比べた損失を管理することで、自分のエッジ（優位性）をコントロールするほうがいいと思っています。

ライアン　勝ちトレード数が多いほうが良いとは思いません。ずっと言ってきたように、本当に良い銘柄を一年に二つか三つ保有できたら、小さな損をすべて補っても余りあるほど、大きな利益が得られるからです。

ザンガー　過去二〇年の間に非常に大きな利益をもたらしてくれたのは、大幅に上昇したほんの数十銘柄です。純粋に利益を基準に測れば、ほかの銘柄はどれも統計的には重要ではありません。ただ付け加えておくと、私は非常に小さなポジションでいつも探りを入れているので、年間では常に勝ちトレード数よりも負けトレード数のほうが多いです。それらは実は、大幅に上昇する銘柄を保有していないときの退屈しのぎに必要なのです。また、探りを入れることで動きが良い銘柄をいくつか見つけるのにも明らかに役立っています。もちろん、上げない銘柄やピボットポイント（横ばい圏で値幅が最も狭い領域）を下に抜ける銘柄では、すぐ下に損切りの逆指値を置いておくことは言うまでもありません。

リッチー二世　理想的には、できるだけ早く優位に立てるように、小さな利益をたくさん取りたいです。ただ、トレードサイズが大きくなるにつれて、それは難しくなっています。そのため、大きな動きに乗れる数少ない状況も常に探しています。

質問10の8　自分の戦略が今の相場に嫌われているだけという場合ではなく、戦略が通用しなくなっているかもしれないとき、どうすればそれが分かりますか？

ミネルヴィニ　私は需要供給の法則が突然当てはまらなくならないかぎり、けっして永久に破られるはずがない原理に従っています。それが通用しなくなるのは、重力の法則が変わるようなもので、非常に考えにくいことです。どんな戦略を用いようと、利益を上げるのが難しい時期は確かにあります。また、あらゆる戦略のパフォーマンスが落ちる時期もあります。そうした時期には、私はあまり負けないことと、戦略が再び役に立つときに備えることに集中します。

ライアン　私の戦略が役に立たなくなったことは一度もありません。それは株式市場で機能するものです。バリュー株が好まれる時期もあれば、成長株のほうがパフォーマンスが良い時期もありますが、それは私の戦略が破綻したことにはなりません。やがて、市場は必ず利益が伸びている会社の株に戻ってきます。

ザンガー　ブレイクアウトしても絶えずダマシで終わるときは、モメンタムトレードが私には役に立たないときだと分かります。明らかに相場が調整し始めたか荒れ始めたのです。そのときには二～三カ月以上は様子見をして、トレンドが形成されるまで待ちます。

リッチー二世　このジレンマに対する答えは、大きなドローダウンを乗り切るか、それともトレードをあきらめるかの答えと同じであることが多いです。私のこれまでの対処法は、自分のトレードを現実的に見て、確率論に引きずられていないかを確かめようとすることです。それで、統計的信頼度があると自信を持って言える期間に自分で行ったトレードがあれば、シミュレーションを繰り返して、一定の数学的エッジ（優位性）における私のドローダウンが最悪でどれくらいになるかを確かめます。私のドローダウンが、確率論から導き出される値よりも悪いか、統計的な基準から大きく外れていれば、自分のエッジに基づく最初の仮定はとても疑わしいことになります。

難しい話かもしれませんが、ここでのポイントは、新高値を付けたときにトレードをやめる人などいないということです。ですから、大局的に見て、自分か自分の手法のどこかがおかしいと思えるほど大きなドローダウンに対して、正常なドローダウンはどれくらいであるべきかを現実的に考えておく必要があるのです。

質問10の9　みなさんは万事がうまくいって利益を出せるようになるまでに、損をした経験をお持ちです。特に、市場に打ち勝つ方法があると理解できるほど他人から学ぶ力がまだなかったころに、とても前向きでいたり、自分の手法がやがてうまくいくという強い信念を持っていたりできたのは、どういう心構えがあったからでしょうか？

ミネルヴィニ　それはまさに、私の手法が永遠の真理に基づくものだからです。自分の成績から、自分でコントロールできない重要な不確定要素である「戦略的要因」を取り除いて考えてみることにしましょう。すると、最も重要な要因である自分自身を狭い範囲に絞り込んで考えられるのです。私は常に自分の結果に責任を取り、けっしてほかの要素のせいにしたりしません。自分を客観的に見て、自分の失敗から学べたら、いつか正しい知識が得られます。その後は、規律を守れるかどうかの問題になります。

ただし、自分の能力を信じて、そこにこだわり続けることが必要です。どれだけ時間がかかっても、気にしないことです。何であれ、価値があることをものにするには時間がかかるし、その時間は人によって異なるのです。一年でコツがつかめなければ二年かければいいし、二年でつかめなければ三年かければいいのです。「X時間を使ってもダメなときには」と自分で期限を切ると、自分の運命を決めてしまったことになるのです。人生はひたむきに努力する人に報いるものです。結局、トレード法は数多くありますが、最終的に重要なのは銃ではなく、銃を撃つ人なのです。

ライアン　私は幸いにもウィリアム・オニールと彼の市場での動きを観察できたので、どうすれば成功できるのかの先行事例を知ることができました。損失を被ったあと、どこで間違えたかを必死に調べて分かったときに、私のパフォーマンスは変わりました。自分の間違いを正したあとは、一種類のセットアップだけを利用して買うことに専念しました。ほかのどんな手法やセットアップも気にしませんでした。そのときから、良いリターンが得られるようになったのです。

ザンガー　私はビバリーヒルズのお金持ちの家にプールを造るために、週に八〇～九〇時間も働いていましたが、年収で六万ドル以上稼げないことにうんざりしていました。私は大金は株か不動産で得られると以前から知っていたので、何としてもプール造りの仕事を辞めるつもりでした。そして、株式市場で稼ごうと決めました。私はわずか一万五〇〇〇ドルの資金でも、信用取引を利用すれば三万ドルから始められると思いました。それを半年で二倍にできれば六万ドルになり、さらに半年でそれを再び二倍にできれば一二万ドルが手に入る。プール建設事業から抜け出したい一心でそんな甘い考えを抱き、進む道がはっきりしたと思いました。

一九七〇年代後半から一九八〇年代前半にかけて、私はＵＨＦ放送の22チャンネルのＫＷＨＹテレビで、ある番組を見て、チャートパターンとその威力を初めて知りました。大引け後三〇分たつと、ジーン・モーガンという人が「チャーティング・ザ・マーケット」という番組に登場しました。彼はイーゼルと、当時はデイリー・グラフという名前で知られていた本からコピーしたチャートを使っていました。チャートをイーゼルに載せて、チャートパターンを書き加えると、そのパターンが将来の株価の動きをどう予告していたかを説明していました。彼は過去のチャートを使って、フラッグやペナント、カップ・アンド・ハンドル、放物線といったパターンを教えていました。

私はこれはすごい考え方だと思い、彼の無料のセミナーに何回か通い始めました。残念ながら、彼は石油とガスのベンチャービジネスの利権を売りたがっていただけでした。それで、私はデイリー・グラフが印刷されているロサンゼルスのオフィスまで出かけて、毎週土曜日の朝に印刷された冊子を買うようになりました。私は空き時間を使って、その冊子で二〇〇に近い銘柄に目を通して、モーガンがテレビで示していたチャートパターンを見つけようとしました。しかし、どうやってもチャートパターンは一つも見つけられませんでした。もちろん、だれかに指摘してもらわないかぎり、チャートパターンをきちんと解釈できないことは分かりました。私はチャートパターンの認識に十分な時間を取っていませんでした。

デイリー・グラフはウィリアム・オニールが書いた『**オニールの成長株発掘法**』（パンローリング）と、『エンサイクロペディア・オブ・チャート・パターン（Encyclopedia of Chart Patterns）』という本を推薦していました。私はそれらの本に飛びつき、さらにジェシー・リバモアの『欲望と幻想の市場』（東洋経済新報社）などにも手を広げました。そして、ようやく全体像が見え始めました。それらの本を繰り返し読み、私のＡＩＱチャートプログラムで見ていたものを実際に日中のトレードに当てはめて、コツが分かるまでに二～三年かかりました。

リッチー二世　確かに、トレードを始めたころは、自分のやり方でうまくいくのか自信が持てませんでした。実際、うまくいっていないやり方もありました。それでも、リスクを管理して、うまくいっている考え方を組み合わせていけば、成功できるという確信はありました。一年目は、ほとんど何もうまくいきませんでした。実はポートフォリオに大金をもたらしてくれた戦略が一つあったのですが、そこに配分した資金が一番少なかったのです。それで、うまくいっている戦略への資金配分を増やすだけで、もっと利益を出せていたことが分かりました。ですから、利益は大きく伸びませんでしたが、私の知識と経験は大きく伸びたと感じ、そこでやめるのは続けるよりも愚かだと思いました。

質問10の10　事後分析はしますか？　するのならその過程と、トレードを改善するためにその情報をどう利用するのか説明してもらえませんか？

ミネルヴィニ　ええ、事後分析は大好きです。この仕事を始めた若いころにトレードで結果を出せるようになったのは、事後分析のおかげです。私は自分用にソフトウェアのツールまで作成して、プライベートアクセスの会員にもトレード結果の判断用に提供しました。これには独自に開発した分布曲線も含まれています。また、私はとても単純明快な評価もしています。私が売買したところをチャート上にマークして、それらに共通する点がないかを調べるのです。この基本分析から本当に目を見張る発見をすることもあります。カギはフィードバックを繰り返して、定期的にトレード結果を点検し続けることです。そうすれば、学んだことをトレードで生かせるようになります。

ライアン　私が株を買うときには、チャートを最も重要な統計情報と一緒に印刷するか、そのスクリーンショットをファイルに保存して、株を売ったあとにそれを見直します。また、その株を買った理由とそのときの市況も書き留めておきます。それらの実際に売買したときの情報から、判断が正しかったところと間違っていたところを調べるのです。自分自身の投資やトレードのパターンから以上に学べるものは、ほかにありません。

ザンガー　事後分析はときどきしますが、トレードを始めたころは、黄色のメモ用紙を持ち歩いて、間違えたことを何でも書き留めていました。それらが最終的に、私のウェブサイトに載せている「一〇大原則とトレードに役立つヒント」（http://chartpattern.com/10_golden_rules.html）になったのです。私はそれらに今でも従っています。

リッチー二世　私は常に自分のトレードを観察しています。私は適切な戦略の範囲内ですべてのトレードを追跡しているので、自分がしているトレードはすべて統計的に把握できます。ですから、特定の手法やポートフォリオ全体でどれくらいのドローダウンなら許容できるかについて、私はより的確な想定ができるのです。これをしない人が多いのには驚かされます。これが成功に欠かせないとは言いませんが、私には絶対に必要です。

苦労しているトレーダーがチャート分析と同じくらい、自分のトレードの分析に打ち込めば、はるかに多くの利益を得られるようになると思います。トレードで利益が出ていなくても、自分のトレードの結果からは自分についての情報がたくさん得られます。負けているトレーダーのほとんどがこれをしないのは、自分のさえない結果を直視するのが辛いからです。最も良いのは、うまくいっているパターンと苦労しているパターンに分けて、トレードの結果を調べることです。明らかに改善すべき点を見つけられたら、それに応じてとるリスクを増減できます。しかし、自分のトレードを観察していないと、自分のトレードやトレーダーとしての自分について、いつまでたっても本当のことが分からないでしょう。

第11章　最後に

質問11の1　トレーダーとして成功するために、乗り越えなければならなかった最も難しい障害は何でしたか？

ミネルヴィニ　最初のころに最も難しかったのは、規律を常に維持し、「今回にかぎり」という考えをやめることでした。つまり、チャートは売れ、売れ、売れと言っているのに、「今回にかぎり」もう少し下げるまで持っていようと考えることです。

若いころでも、ほとんどは損切りをしていましたが、必死に持ち続けることもときどきありました。そして、それらの大きな含み損は結局、大損になりました。また、忍耐力も養わないといけませんでした。トレードでは、せっかくの機会を逃すのではないかとあせる気持ちが強くなるものです。失敗の多くはそこから生じます。私には二つの主要ルールがあります。①無理にトレードをしない、②大きな損をしない――の二つです。トレーダーは「手控え力」、つまり、適切なセットアップが整うまで待ち、無理に基準に満たないトレードをしない能力を養わなければなりません。そうすれば、あとは株価が思惑どおりに動かないときに、素早く損切りできる規律を養えば済みます。

ライアン　新しい考え方に適応するのが、最も乗り越えがたい障害です。トレーダーは自分の間違いを認めて、それを正すことができなければなりません。それは非常に難しいことです。自己分析をして、過去に誤ってしたことを分析する必要があるからです。大部分の人はそんなことはしたがりません。私がこの仕事を始めたころに自分の間違いを見返したとき、ブレイクアウト水準をすでに大きく上回っている銘柄を、あまりにも多く買いすぎていたことが分かりました。その間違いを正すと、パフォーマンスは良くなりました。また、新高値を付けた銘柄を買うことにも慣れる必要がありました。最初は、そうするのがとても怖かったのですが、一度慣れるととても自然にできるようになりました。

ザンガー　チャートをきちんと読めるようになるのが何よりも難しかったです。また、信用取引をしているときに、相場の急落や大幅調整のすさまじさをきちんと認めて対処することができないのも大きな障害でした。

リッチー二世　トレードで最も難しいのは、危機を脱することです。私の場合、自分の手法が市場で役に立ち、十分な利益を上げられて、生活費を稼がなければいけないというあせりのせいでトレードや状況に対して感じていたプレッシャーから解放されたときが、危機を脱したときです。生活費を稼がなければならないというプレッシャーは最も強い動機づけになると同時に、心の迷いをうまくコントロールしないと、最も悲惨な結果を招きかねません。これは富を手にしたトレーダーの栄光物語では、めったに語られないことです。しかし、トレードが唯一の収入源であれば、それを意識していたかどうかにかかわらず、みんながこのジレンマに対処しなければならなかったはずです。

質問11の2　トレード手法を身に付けていく過程で、何が最も役に立ちましたか？　試行錯誤、トレード関係の本、指導者、あるいはほかの何かのうちでどれでしょう？

ミネルヴィニ　今、言われたことのすべてです。主として、自分の過去のトレードを分析して、繰り返し誤ってしていることを理解することです。いったん共通点を見つけたら、それらの弱点を強みに変えていくだけです。

ライアン　自分自身の試行錯誤が一番役に立ちました。トレード中に何を考えているかを正確に知っているのは自分だけですし、間違ったところを本当に調べることができるのも自分だけです。自分よりも成功しているトレーダーから助言を受けてもいいし、トレード関連の本から学ぶこともできますが、結局は自分にとって相場で役立つルールをものにするしかありません。

ザンガー　本を何冊かと私のＡＩＱチャート作成プログラムの組み合わせでしょうね。本では、『**オニールの成長株発掘法【第４版】**』（パンローリング）が私のリストの一番上にあり、『欲望と幻想の市場』（東洋経済新報社）もそこに含まれます。これらはすべてのトレーダーと投資家の必読書です。

リッチー二世　挙げられたすべてのことに、大いに助けられたと言えます。信念、人々、実践の順に、私が影響を受けたことを要約します。

【信念】　私はイエス・キリストをかなり固く信じています。「それがトレードと何の関係があるのだ？」と尋ねられたら、私にとってはトレードに大いに関係する、と答えます。私が私であることは私のすることや私が優れていることにあるのではなく、私の信念にあるからです。この信念によって、私はかなりの失敗を許容できるのです。私が成功するうえで、失敗は大きな役割を果たしていると思っています。さらに言えば、神に与えられた才能や能力を使って、なすべきことをなしているならば、真の意味での失敗はないのです。なぜなら、それは神から与えられた使命だからです。今でも、私はそのように考えています。私は主の意志以外の何にも振り回されたくないので、私がトレーダーを辞めるように告げられたと感じたら、ためらいなくほかの試みをするためにトレードを辞めることができるようになりたいからです。

【人々】　スキルや知恵については、カギとなる人々の影響がなかったら何ものにもできていないでしょう。まずは父のマーク・リッチー（仲間内では大マーク［Mark the greater］と呼ばれている）です。父は最初のトレード資金の一部と、トレードを続ける自信を与えてくれました。また、簡単には言えない多くのこともありますが、それらの大部分は父のおかげです。マーク・ミネルヴィニ自身と彼の著書は私の株取引に大いに影響を与えました。そして、ピーター・ブラントは統計をトレードに当てはめるときの核心を理解することや、特にドローダウンを切り抜けることに大いに役立ちました。最後に、お金がなかったときでも非常に支えとなってくれた素晴らしい妻や、多すぎて名前を挙げられませんが、素晴らしい友人や家族に恵まれました。

【実践】　トレードでの成功は実践の結果です。何をどう実践すべきかは、市場自体や自分のトレードの結果、成功したほかの人々を研究することに加えて、上達法の研究と追求から学ぶことができます。私の推薦する文献リストは難しいと思いますが、マーケットに関しては特に次のものを挙げておきます。

●エドウィン・ルフェーブル著『欲望と幻想の市場』（東洋経済新報社）
●マーク・ミネルヴィニ著『**ミネルヴィニの成長株投資法**』（パンローリング）
●ジェシー・リバモア著『**リバモア流投機術**』（パンローリング）
●ウィリアム・オニール著『**オニールの成長株発掘法【第４版】**』（パンローリング）
●ジャック・シュワッガーのすべての著書
●マーティン・〝バジー〟・シュワルツ著『**ピット・ブル**』（パンローリング）

信念や心理に関して自分を改善したい人や、私の魂と人格を形成したものの未知な部分をのぞいてみたい人には、次の著書を推薦します。

●新約聖書
●マイク・ブリーンとベン・スターンケ著『オイコノミクス（Oikonomics）』
●オズワルド・チェンバーズ著『いと高き方のもとに』（いのちのことば社）
●ドナルド・ミラー著『サーチング・フォー・ゴッド・ノウズ・ホワット（Searching for God Knows What)』

質問11の3　成功するために先導者（メンター）を持つことは、どれくらい重要だと思いますか？

ミネルヴィニ　先導者が優れていれば、それはとても大切で、必要なスキルを学ぶひとつの方法になり得ます。学習期間を短縮できるだけでなく、自分一人ではけっして学べないことを教えてもらえるかもしれません。しかし、適切なことを実践しているかぎり、実践に勝るものはありません。ですから、だれに学ぶかは慎重に選ぶべきです。先導者は自分が達成しようとしていることをすでに達成している必要があります。一〇〇万ドルを一度も稼いだことがない人からその方法を学べると思うなど、私にはまったく理解できません。私は破産したファイナンシャルプランナーさえ知っています！　それほど矛盾したことがあるでしょうか？

ライアン　先導者がいれば、正しいことを探す時間を節約できます。でも、それは自分一人で行うこともできます。難しくて時間もかかるでしょうが、自己分析に加えて、成功した投資家の本かセミナーを利用して一人で行うこともできるのです。

ザンガー　それは本当に先導者によりますね。実際に見かけるのは、中身があるものではなく、自分を派手に宣伝するものがほとんどです。もちろん、そんなものに従えば、すぐに破産します。しかし、幸いにも経験豊富で優れた実績がある先導者を見つけられたら、あなたを一気に上の段階に引き上げてくれるでしょう。

リッチー二世　私は前にも触れたように、良い先導者が一人、あるいは何人かいるのは極めて貴重だと思っています。私は、「知恵は多くの助言で見つかる」ということわざを強く信じています。自分が知っていると思うことに満足しがちになるのではなく、自分よりも知識と実践経験が豊かな人から常に学ぶ意欲を持ち続けることです。

質問11の4　トレードを仕事にしてきて、「あっ！」とひらめいた瞬間があったと思いますが、そのなかで最も重要だったことは何ですか？

ミネルヴィニ　リスク管理を適切に行っていれば、三桁のリターンを達成するために、二倍や三倍になる銘柄は必要ないと、ようやく理解したときです。もっと小さな値動きでトレードをしても、非常に大きなリターンを得ることができるし、もっと重要なことはそれが一貫してできると気づいたときです。要するに、リスクに対するリターンの大きさと回転率こそが重要なのです。それが聖杯です。

ライアン　一年目にしたトレードを調べて、自分のしていることが誤っていると気づいた瞬間です。そのときに私は、唯一のセットアップだけで買い、ほかのことはまったく気にしないと誓いました。そのときから、すべてがうまくいき始めたのです。

ザンガー　それは一九九七年一〇月のことで、強いサマーラリーのあとのある日に、原油株指数のチャート上でキーリバーサル（包み足）が現れていたときです。私はその夜に、この安値引けの日足に気づき、この指数は市場を先導してきたので、この日足は相場が天井を付けたことを示すのかもしれないと思いました。そして、太陽が毎晩沈むように、相場はそこから急落して、私のポジションもひどい目に遭いました！　私はその瞬間やポートフォリオがどうなったかをけっして忘れないでしょう。

今でも、弱気に転じそうなチャートか日足を見ると、私は素早く手仕舞います。早めの判断は正しくて安全なことが多いのですが、間違っていることもあります。それでも、そのときの記憶はこの二〇～三〇年、私の役に立ってきました。忘れないでほしいのですが、相場に戻るのはいつでもできることなのです。

リッチー二世　私にとって最大のひらめきの瞬間は、良い考えや手法は積み重ねていけるものだと気づいたときです。下落局面をうまく管理して、うまくいっている戦略にこだわり続ければ、大きくお金を増やせると気づいたのです。

質問11の5　自分の五大トレードルールは何ですか？

ミネルヴィニ

一．まず、リスクを考える。常に損切りの逆指値を使ってトレードをし、仕掛ける前にどこで手仕舞うかを分かっている。

二．損は小さいうちに切り、かなりの含み益が得られたら、損益ゼロの水準に逆指値を置いて、損を出さないようにする。

三．得られると思う利益よりも大きなリスクをけっしてとらない。

四．けっしてナンピン買いをしない。

五．自分のトレードを常に把握しておく。定期的に自分のトレードの結果を確かめる。

ライアン

一．損切りをして、損を小さくしておく。

二．厳しく規律を守る。

三．負けトレードが続いたら、トレード額を減らす。

四．かなりの含み益が得られたら、けっしてそれを含み損にしない。

五．含み損を抱えている銘柄から含み益になっている銘柄に資金を移す。

ザンガー

一．買った銘柄が買値よりも下げているのをけっして放置しない。

二．ピボットポイント（横ばい圏）かブレイクアウト水準から三～五％以上も上げた銘柄はけっして追いかけない。

三．オプションは避ける。

四．大きく上げたら、ポジションサイズを小さくする。

五．勝ち銘柄は持ち続け、負け銘柄は手放す。

リッチー二世

一．常にトレードプランを作ってから、トレードをする。特に個々のポジションやポートフォリオ全体のリスクをあらゆる方法で計算しておく。

二．大きな損をしたあとや、負け続けている時期にはトレードサイズを減らす。

三．うまくいっているアイデアや戦略に資金を移し、そうでないアイデアや戦略に使っている資金は減らす。

四．自分の資産を守るのと同じくらい、自分の感情に注意を払う。

五．毎日、「優」が取れるトレードをする。

質問11の6　平均的な投資家が大きな利益を上げられない理由は何でしょうか？

ミネルヴィニ　トレーダーが株式市場で優れたパフォーマンスを達成できない主な理由をいくつか挙げましょう。

- ●銘柄の選別基準が良くない。
- ●損切りをしない――これは最もよくある間違い。
- ●含み損になった銘柄を買い増す――トレーダーが大損をする一番の理由。
- ●含み益を守らない―含み益がかなり得られたのに、含み損にしてしまう（本当によくある間違い）。
- ●自分のトレードの事実を知らない――事後分析を定期的に行わない。
- ●一つの戦略にこだわり続けない―一つの手法をすぐにやめて、ほかに乗り換える（これもよくある）。
- ●規律を守らない――たとえルールを作っても、やがてそれを破る。

ライアン　彼らは感情面で投資に向いていないか、自分の失敗の原因を調べてそれを正す作業を行わないかのどちらかでしょう。成長株投資戦略を用いる人であれば、マーク・ミネルヴィニやウィリアム・オニールのような優れたトレーダーが書いた本がたくさんありますし、適切なルールを説明している本もあります。しかし、それを生かせるかどうかは、平均的な投資家の努力次第です。

ザンガー　平均的な投資家は普通、常勤で働いていて子供がいることが多い。また、ほかにも時間を取られることがたくさんあって、なかなかトレードに集中できません。そのため、平均を越えるために必要な下準備やチャートパターンの解釈をする時間がほとんど残されていないのです。

リッチー二世　まず、平均的な投資家は一貫して優れたパフォーマンスを上げるのに十分なほど、マーケットについて理解していません。たとえ、理解していても、適切なことを一貫して実行するのに必要な規律や知識がありません。私の父が最近の著書『マイ・トレーディング・バイブル（My Trading Bible）』でいみじくも指摘したように、知識や才能は大いに役立ちますが、「成功に一番必要なのは規律なのです」。

質問11の7　トレード初心者にどんなアドバイスをしますか？

ミネルヴィニ　良い手本となる人、自分が達成したいことをすでに成し遂げている人を見つけなさい。最初の数年はうまくいかなくてもがっかりしないこと。トレード法を身に付けるには時間がかかるものです。これから膨大な数の間違いをすることになりますが、それらの間違いから学ぶ必要があるということを頭に入れておきなさい。それらがあなたの最高の師なのです。実際に行動して、経験を積まなければなりません。プランを考えついたら、それを実行しなさい。どんなプランでも、プランが何もないよりはましなのです。

熱心に取り組んで、失敗を重ねることを恐れてはいけません。そうすれば、成功を積み重ねることができるようになります。成功する「秘訣」などないということを自覚すべきです。大部分のトレーダーにとって最も難しいことは、一つの戦略にこだわり続けることと、規律を維持することです。たとえ成功する戦略を教えられても、彼らのほとんどは失敗します。それをものにできるまで全力を尽くして、大変な時期を乗り越えないからです。彼らはその戦略を信じられなくなり、自分の能力に対する自信を失うのです。

ライアン　ウィリアム・オニール、インベスターズ・ビジネス・デイリー、マーケットスミス、マーク・ミネルヴィニが出しているすべての出版物を読みなさい。それらで勉強をして、投資を始めなさい。たとえ数百ドルであっても、始めることです。最初の投資から多くのことを学ぶでしょう。自分の間違いから学んで、それらを正しなさい。けっしてあきらめずに努力し続けなさい。十分な努力をすれば、あなたが得る利益で将来は大きく変わるでしょう。

ザンガー　質問11の2で挙げた本を読みなさい。次に、六～九カ月間でしっかりと利益を上げられるようになり、市場全般か銘柄のトレンド転換を見極めることができるだけでなく、市場の調整を実際に乗り切るまでは、信用取引やオプションを使わずに少額でトレードをしなさい。

リッチー二世　私はトレード初心者には非常に単純に、「三つのM」、すなわち、マーケット（Market）、メソッド（手法＝Method）、マイセルフ（自分自身＝Myself）に焦点を合わせなさいと言います。これら三つがともにうまくいくようになれば、成功するでしょう。

■著者紹介
マーク・ミネルヴィニ（Mark minervini）
６年で３万6000％のリターン――年平均リターンは220％――をたたき出し、その間に出した損失は１回の四半期だけだった。USインベスティング・チャンピオンシップに出場したときは、155％のリターンを上げて優勝した。彼はジャック・シュワッガー著『マーケットの魔術師【株式編】《増補版》――米トップ株式トレーダーが語る儲ける秘訣』（パンローリング）で取り上げられている。また、ベストセラーになった『ミネルヴィニの成長株投資法――高い先導株を買い、より高値で売り抜けろ』（パンローリング）の著者でもある。

■監修者紹介
長尾慎太郎（ながお・しんたろう）
東京大学工学部原子力工学科卒。北陸先端科学技術大学院大学・修士（知識科学）。日米の銀行、投資顧問会社、ヘッジファンドなどを経て、現在は大手運用会社勤務。訳書に『魔術師リンダ・ラリーの短期売買入門』『新マーケットの魔術師』（いずれもパンローリング、共訳）、監修に『高勝率トレード学のススメ』『ラリー・ウィリアムズの短期売買法【第２版】』『コナーズの短期売買戦略』『続マーケットの魔術師』『続高勝率トレード学のススメ』『ウォール街のモメンタムウォーカー』『グレアム・バフェット流投資のスクリーニングモデル』『勘違いエリートが真のバリュー投資家になるまでの物語』『Rとトレード』『完全なる投資家の頭の中』『３％シグナル投資法』『投資哲学を作り上げる　保守的な投資家ほどよく眠る』『システマティックトレード』『株式投資で普通でない利益を得る』など、多数。

■訳者紹介
山口雅裕（やまぐち・まさひろ）
早稲田大学政治経済学部卒業。外資系企業などを経て、現在は翻訳業。訳書に『フィボナッチトレーディング』『規律とトレンドフォロー売買法』『逆張りトレーダー』『システムトレード　基本と原則』『一芸を極めた裁量トレーダーの売買譜』『裁量トレーダーの心得　初心者編』『裁量トレーダーの心得　スイングトレード編』『コナーズの短期売買戦略』『続マーケットの魔術師』『アノマリー投資』『シュワッガーのマーケット教室』『ミネルヴィニの成長株投資法』『高勝率システムの考え方と作り方と検証』『コナーズRSI入門』『３％シグナル投資法』（パンローリング）など。

2016年９月３日　初版第１刷発行
2019年９月１日　　　　第２刷発行
2021年６月２日　　　　第３刷発行

ウィザードブックシリーズ㉔⓪

成長株投資の神

著　者　　マーク・ミネルヴィニ
監修者　　長尾慎太郎
訳　者　　山口雅裕
発行者　　後藤康徳
発行所　　パンローリング株式会社
　　　　　〒160-0023　東京都新宿区西新宿 7-9-18-6F
　　　　　TEL 03-5386-7391　FAX 03-5386-7393
　　　　　http://www.panrolling.com/
　　　　　E-mail　info@panrolling.com
編　集　　エフ・ジー・アイ（Factory of Gnomic Three Monkeys Investment）合資会社
装　丁　　パンローリング装丁室
組　版　　パンローリング制作室
印刷・製本　株式会社シナノ

ISBN978-4-7759-7209-0

ウィザードブックシリーズ 213

ミネルヴィニの成長株投資法

高い先導株を買い、より高値で売り抜けろ

マーク・ミネルヴィニ【著】

定価 本体2,800円+税　ISBN:9784775971802

高い銘柄こそ次の急成長株!

一貫して3桁のリターンを得るために、どうやって正確な買い場を選び、仕掛け、そして資金を守るかについて、詳しく分かりやすい言葉で説明。株取引の初心者にも、経験豊かなプロにも、並外れたパフォーマンスを達成する方法が本書を読めば分かるだろう!

ウィザードブックシリーズ 265

株式トレード 基本と原則

マーク・ミネルヴィニ【著】

定価 本体3,800円+税　ISBN:9784775972342

生涯に渡って使えるトレード力を向上させる知識が満載!

株式投資のノウハウに本気で取り組む気持ちさえあれば、リスクを最低限に維持しつつ、リターンを劇的に増やす方法を学ぶことができるだろう。

ウォール街のモメンタムウォーカー
ゲイリー・アントナッチ【著】
定価 本体4,800円+税　ISBN:9784775971949

効率的市場仮説は経済理論の歴史のなかで最も重大な誤ちの1つである。市場状態の変化をとらえ、低リスクで高リターンを上げ続ける戦略

スーパーストック発掘法
ジェシー・スタイン【著】
定価 本体3,800円+税　ISBN:9784775971901

大きな損失を受け入れることのできる人のみが大きな利益を手にできる! 28カ月で14972%のリターン、4.5万ドルを680万にした驚異の手法!

オニールの成長株発掘法【第4版】
ウィリアム・J・オニール【著】
定価 本体3,800円+税　ISBN:9784775971468

2000年のITバブル崩壊や2008年のリーマンショックのような大暴落をいち早く見分ける方法

株式売買スクール
ギル・モラレス、クリス・キャッチャー【著】
定価 本体3,800円+税　ISBN:9784775971659

オニール版"タートルズ"による秘密の暴露!! 伝説の魔術師をもっともよく知る2人による成長株投資の極意!「買いの極意」と「売りの奥義」完全解説!